吕著中国通史（下部）

中国政治史

吕思勉　著

海峡出版发行集团 THE STRAITS PUBLISHING & DISTRIBUTING GROUP
鹭江出版社 LUJIANG PUBLISHING HOUSE

2014年·厦门

图书在版编目（CIP）数据

中国政治史 ：吕著中国通史 . 下部 / 吕思勉著 . 一 厦门 ：
鹭江出版社，2014.8（2015.5 重印）

ISBN 978-7-5459-0728-5

Ⅰ . ①中… Ⅱ . ①吕… Ⅲ . ①政治制度史－中国－古代 Ⅳ .
① D691.2

中国版本图书馆 CIP 数据核字 (2014) 第 106422 号

吕著中国通史（下部）

ZHONGGUO ZHENGZHISHI

中国政治史

吕思勉 著

出版发行：海峡出版发行集团
　　　　　鹭　江　出　版　社

地　　址：厦门市湖明路 22 号　　邮政编码：361004

印　　刷：北京盛源印刷有限公司

地　　址：北京市通州区漷县镇后地村北街 300 米工业园内　　邮政编码：101109

开　　本：710mm×1000mm　1/16

印　　张：18

字　　数：230 千字

版　　次：2014 年 8 月第 1 版　2015 年 5 月第 2 次印刷

书　　号：ISBN 978-7-5459-0728-5

定　　价：38.00 元

春秋五霸争战图。

太公望点兵。

导读

我国是一个史学发达的国家。千百年来，史籍编撰赓续不断，史部之书几于汗牛充栋。但像今日大中学校里讲授的“中国通史”，则由来不久。若从梁启超倡议“新史学”算起，新式通史的著述也只有一百多年的历史。1947 年出版的顾颉刚《当代中国史学》，在回顾新式通史的著述成绩时说：所有的著述“能够达到理想的地步”的还很少，其中“较近理想的，有吕思勉《白话本国史》《中国通史》[①]、邓之诚《中华二千年史》、陈恭禄《中国史》、缪凤林《中国通史纲要》、张荫麟《中国史纲》、钱穆《国史大纲》等”。[②]值得注意的是，顾先生所列的七种较近理想的中国通史著述，吕思勉先生的著述就有二种。

吕先生的《白话本国史》与《吕著中国通史》，都是为历史教学或青年自修历史而编写的。《白话本国史》写于上世纪 20 年代初，时先生任教于沈阳高等师范学校。《吕著中国通史》写于上世纪 30 年代末，时其任教于上海光华大学，是他在历年授课教案的基础上加以增损而编定，用作大学文科学生的课本。吕先生的这两部中国通史，先后相隔二十来年，在撰写的体例和风格上已有较大的变化。《白话本国史》采用严整的章节体裁，写法上是考史与叙事兼用，故有较多

① 即《吕著中国通史》。
② 顾颉刚：《中国当代史学》，辽宁教育出版社 1998 年版，第 77 页。

的考证文字，征引的史料也翔实丰富；为便于读者的学习，书中又附有大量的注释，或用来注明史料的出处和进一步阅读的书目，或记注必要的文史知识和古今地名，是初学中国史的最佳入门书。《吕著中国通史》采用专题式的体例，写法上是叙事与议论并重，故有较多的议论文字，叙述力求扼要，行文力求浅显，多引用当年各种社会科学的成果，是学习、研究中国史的重要参考书。

1938年，国民政府教育部颁行大学课程，规定“中国通史”课的教学，须注重文化史的内容。为了适应“部颁课程”的要求，吕先生重新拟写了讲稿，编成这部《吕著中国通史》。他认为，大学生、尤其是大学文科的学生，他们在中学历史学习的基础上，正需要增加各方面有系统、有条理的历史知识，以适应进一步钻研的需要。而当时流行的各种通史著作，虽然在叙述历代治乱兴衰的过程中，夹叙了一些典章制度，但是往往缺乏系统，上下不够连贯，初学者不易掌握要点，不能形成系统的历史知识。为了克服这种毛病，他在编撰体例上做了一番改进。吕先生一向赞赏马端临《文献通考》把史事分为“理乱兴亡”和“典章经制”两大类的做法，说今日编撰中国通史，仍可借鉴这种方法，只是不该将它的范围限得太狭。由此，他把这部通史分为上、下两册，上册③分门别类地、系统地叙述历史上的社会文化现象，内容包括婚姻、族制、政体、阶级、财产、官制、选举、赋税、兵制、刑法、实业、货币、衣食、住行、教育、语文、学术、宗教十八大类；下册则分章按历史顺序有条理地叙述了政治历史的变迁。这样的安排，既注重社会文化现象，又不至于遗漏社会政治方面的内容，也避免了与中学以下的本国史教学相重复。

吕先生论中国历史的演进，喜欢援引孔子的大同学说。他说：我国历史自大同进入小康后，社会还能算是一个准健康体；自小康再入乱世后，社会就进入病态了。所以，自先秦诸子开始，都想对社会有所改革，有的甚至想把社会彻底加

③《吕著中国通史》完稿于1939年，上册1940年3月由上海开明书店出版，下册1944年9月出版。

以改造。这种改革的思想一直延续到西汉末年，虽屡起屡蹶，而磅礴郁积，终于导致了王莽的改革。自王莽改革失败之后，“政治家的眼光，亦为之一变。根本之计，再也没有人敢提及。社会渐被视为不可以人力控制之物，只能听其迁流所至。‘治天下不如安天下，安天下不如与天下安’遂被视为政治上的金科玉律了”。然而病态的社会，怎能听其流迁而只图苟安呢？吕先生曾说：

> 大凡一个读书的人，对于现社会，总是觉得不满足的，尤其是社会科学家，他必先对于现状，觉得不满，然后要求改革；要求改革，然后要想法子；要想法子，然后要研究学问。若其对于现状，本不知其为好为坏，因而没有改革的思想，又或明知其不好，而只想在现状之下，求个苟安，或者捞摸些好处，因而没有改革的志愿，那还讲做学问干什么？所以对于现状的不满，乃是治学问者，尤其是治社会科学者真正的动机。④

本着这样的认识，吕先生给《吕著中国通史》预定的目的是：“希望读了的人，对于中国历史上重要的文化现象略有所知；因而略知现状的所以然；对于前途，可以预加推测，因而对于我们的行为，可以有所启示。”他说：中国历代的社会改革思潮有两种，一种是儒家的主张，希望通过社会改革，达到“大同”，进入“太平世”，其具体的措施是恢复井田、平均地权；另一种是法家的主张，采取节制资本、盐铁官营、控制民间商业借贷的办法。但这两种主张都没有能取得改革社会的成效。历史的经验向我们启示：中国今日的社会改革，应着重在社会经济和政治制度方面。社会经济的改革尤以农业为首要，但中国向来讲究农学的人太少，即使有之，亦和农民隔绝，学问不能见诸实用；又因土地私有，寸寸割裂，大农

④ 吕思勉：《从我学习历史的经过说到现在的学习方法》，原刊 1941 年《中美日报》“堡垒”副刊第 160—163 期，现收入《吕思勉文集 · 吕思勉论学丛稿》，上海古籍出版社 2006 年版，第 581—582 页。

制难以推行；而公共事务的废弛、地方自治的不举等，都是农业进步的阻力。在政治制度上，应该发扬我国古代的民主政治制度。他说，“不论哪一国，其原始的政治，必为民主。后来虽因时势的变迁，专制政治逐渐兴起”；“中国的民主政治，虽然自己久有根基，而亲切的观感，则得之于现代的东西列强。代议政体，自然要继君主专制而起。但代议政体，在西洋自有其历史的条件，中国却无有。于是再急转直下，而成为现在的党治”。“然民主的制度，可以废坠，民主的原理，则终无灭绝之理。”“天下非一人一家所私有”“天下者天下人之天下”的思想必能深入人心；他坚信自古以来的“磅礴郁积的民主思想”，必将待时势的来到而兴起。

《吕著中国通史》是在上海成为“孤岛”时撰写的，那正是“风雨如晦，鸡鸣不已”的年月，但吕先生对抗日胜利和国家重建充满了信心。在本书的最后一讲《革命途中的中国》里，他用“大器晚成”这句成语来预祝中国前途光明：“中国既处于今日之世界，非努力打退侵略的恶势力，决无可以自存之理……我们现在所处的境界，诚极沉闷，却不可无一百二十分的自信心。岂有数万万人的大族，数千年的大国、古国，没有前途之理？”书稿写毕于1941年“九·一八”之日，他借用梁启超所译英国诗人拜伦的诗为书的结语：

> 希腊啊！你本是平和时代的爱娇，你本是战争时代的天娇。撒芷波，歌声高，女诗人，热情好。更有那德罗士、菲波士荣光常照。此地是艺文旧垒，技术中潮。祇今在否？算除却太阳光线，万般没了。
>
> 马拉顿前啊！山容缥渺。马拉顿后啊！海门环绕。如此好河山，也应有自由回照。我向那波斯军墓门凭眺。难道我为奴为隶，今生便了？不信我为奴为隶，今生便了。

顾颉刚先生对吕先生的两部通史评价甚高。他说:“编著中国通史的人,最易犯的毛病,是条列史实,缺乏见解;其书无异为变相的《纲鉴辑览》或《纲鉴易知录》之类,极为枯燥。及吕思勉先生出,有鉴于此,乃以丰富的史识与流畅的笔调来写通史,方为通史写作开一个新的纪元。他的书是《白话本国史》四册。书中虽略有可议的地方,但在今日尚不失为一部极好的著作。又吕先生近著尚有《中国通史》二册,其体裁很是别致,上册分类专述文化现象,下册则按时代略述政治大事,叙述中兼有议论,纯从社会科学的立场上,批评中国的文化和制度,极多石破天惊之新理论。”⑤ 有哪些“石破天惊”之论呢?笔者不妨在此“晒一晒”读此书时抄录的一些段落:

> 不论何等组织,总得和实际的生活相应,才能持久。小家庭制度,是否和现代人的生活相应呢?历来有句俗话,叫作“养儿防老,积谷防饥”。可见所谓家庭,实以扶养老者、抚育儿童,为其天职。然在今日,此等责任,不但苦于知识之不足(如看护病人,抚养、教育儿童,均须专门智识),实亦为其力量所不及(兼日力财力言之。如一主妇不易看顾多数儿童,兼操家政。又如医药、教育之费用,不易负担)。在古代,劳力重于资本,丁多即可致富,而在今日,则适成为穷困的原因……人总有尽力经营的一件事,不忍坐视其灭亡,而家是中国人所尽力经营的……以爱家者之心论……正是极端利他心的表现。利他心是无一定形式的,在何种制度之下,即表现为何种形式。然而我们为什么要拘制着它,一定只许它在这种制度中表现呢?(《中国文化史》第二讲 族制)

> 官僚阶级,总是以自利为先,国事为后的。无以防之,势必至于泛滥不可收拾……选举之法,无论如何严密,总不过慎之于任用之初。(一)人之究有德行才识与否,有时非试之以事不能知;(二)亦且不能保其终不变节;(三)又监督严密,小人亦可为善,监督松弛,中人不免为非;

⑤ 顾颉刚:《中国当代史学》,第 77 页。

所以考课之法，实较选举更为重要。（《中国文化史》第七讲 选举）

> 治天下不可以有私心。有私心，要把一群人团结为一党，互相护卫，以把持天下的权利，其结果，总是要自受其害的。军官世袭之制，后来腐败到无可挽救，即其一端……所以从历史上看来，从没有一支真正强盛到几十年的军队（因不遇强敌，甚或不遇战事，未至溃败决裂，是有的。然这只算是侥幸。极强大的军队，转瞬化为无用，这种事实，是举不胜举的……军队的腐败……虽有良将，亦无从整顿，非解散之而另造不可）。（《中国文化史》第九讲 兵制）

> 社会复杂了，各方面的矛盾，渐渐深刻，政治总只代表得一方面，其（一）反对方面，以及（二）虽非站在反对方面，而意在顾全公益的人，总不免有话说。这正是（一）有心求治者所乐闻，（二）即以手段而论，防民之口，甚于防川，亦是秉政者所应希望其宣泄的。而始皇、李斯不知“天下有道，则庶人不议”。误以为庶人不议，则天下有道；至少庶人不议，天下才可以走上有道的路，这就和时势相反了。（《中国文化史》第十五讲 教育）

这样的议论，书中触目皆是，正等待读者去慢慢阅读，细细领会。人们常说“读史使人明智”“知古可以鉴今”，读读《吕著中国通史》，你一定能感受到历史著作的这一种魅力。

顾先生说：中国通史之所以很少能达到理想的地步，那是因为中国史上需要考证的地方太多了，而以一人之力来撰写数千年的通史，那是件困难的事。严耕望先生论通史的撰述，以“通贯”和“周赡”为最高境界。然而中国历史悠久，史料浩如烟海，要在区区数十万字的篇幅里，做到“通贯”而又“周赡”，谈何容易！况且“通贯”与“周赡”，总是难以两全。这是编撰中国通史的又一困难。事虽甚难，但“中国通史”的撰写却是急迫而又重要的事。1903 年，梁启超在《新史学》中批判旧史学有四弊：知有朝廷而不知有国家，知有个人而不知有群体，知有陈迹而不知有今务，知有事实而不知有理想。梁氏认为，传统史学虽然发达，只是帝王将相的家谱，不过充当统治者的政治教科书；而国民却未能从中受到教益。为此，他倡议建立新史学，重写中国史，呼吁史学界撰写一种为国民而写、写国民历史，用为国民教科书的新国史。经过一百多年来的努力，新史学的发展已经蔚为大观。但论起为国民写史、写国民的历史，且能用作国民历史教科书的，无疑这门“中国通史”的作用与影响厥功至伟。而吕先生以一人之力撰写了两部中国通史，贡献不可谓不大。

吕先生对自己的著作自省甚严。他晚年自评《吕著中国通史》说：“此书下册仅资联结，上册农工商、衣食住两讲，自问材料尚嫌贫薄，官制一讲，措词太简，学生不易明了，余尚足供参考。”今天，离顾先生撰写《当代中国史学》又过了七十多年，中国通史著述“很少能达到理想的地步”的情况，是否已有改观？或说理想和满意总是相对的，而通史的著述，永远是未完成的，永远是暂时和过渡性的。人文学科的特点之一就是它的著述不总是单向度地新旧淘汰，一方面是新书新说层出不穷，一方面是旧著旧作不断翻印。在这里，很难说一定是“今胜于昔”“新胜于旧”。“此意深微俟知者，若论新旧转茫然”（散原老人诗）⑥，况且有些地方，也无所谓新旧。我曾与同学说：“理科的书，越读越少；文科的书，越读越多。”何以如此呢？因为数理化的书是逐步“淘汰”的，有了现在新出的书，前人的旧著就可以不读了；人文学科的书是不断积累的，不能因为有了新书，前人的著作就可以不读了。近年来，民国时代学术著作的一再新版重印，或印证这一点，这也是今日重印吕先生这部《中国政治史》⑦的意义所在。

张耕华

2014年7月

⑥ 严寿澂先生有《此意深微俟知者——吕诚之先生史识述论》一文，原刊［日］《百年》总第4期（1999年7月），又收入严氏《近世中国学术思想抉隐》，上海人民出版社，2008年版。

⑦ 即《吕著中国通史》下部。

目录

伏羲女娲。

第一讲

中国民族的由来

社会是整个的；作起文化史来，分门别类，不过是我们分从各方面观察；讲到最后的目的，原是要集合各方面，以说明一个社会的盛衰，即其循着曲线进化的状况的。但是这件事很不容易。史事亡失的多了，我们现在，对于各方面，所知道的多很模糊（不但古代史籍缺乏之时，即至后世，史籍号称完备，然我们所要知道的事，仍很缺乏而多伪误。用现代新史学的眼光看起来，现在人类对于过去的知识，实在是很贫乏的），贸贸然据不完不备的材料，来说明一时代的盛衰，往往易流于武断。而且从中学到大学，永远是以时为经、以事为纬地，将各时代的事情，复述一遍，虽然详略不同，而看法失之单纯，亦难于引起兴趣。所以我这部书，变换一个方法，上册依文化的项目，把历代的情形，加以叙述，这一册依据时代，略述历代的盛衰。读者在读这一册时，对于历代的社会状况，阅读上册就会略有所知，则涉及时措辞可以从略，不至有头绪纷繁之苦；而于历代盛衰的原因，亦更易于明了了。

叙述历代的盛衰，此即向来所谓政治史。中国从前的历史，所以被人讥诮为帝王的家谱、为相斫书，都由其偏重这一方面之故。然而矫枉过正，以为这一方面，可以视为无足重轻，也是不对的。现在的人民，正和生物在进化的中途需要外骨保护一样。这话怎样说呢？世界尚未臻于大同之境，人类不能免于彼此对立，就不免要靠着武力或者别种力量互相剥削。在一个团体之内，虽然有更高的权力，以评判其是非曲直，而制止其不正当的竞争，在各个团体之间，却至今还没有，到被外力侵犯之时，即不得不以强力自卫，此团体即所谓国家。一个国家之中，总包含着许多目的简单、有意用人力组成的团体，如实业团体、文化团体等都是。此等团体，和别一个国家内性质相同的团体，是用不着分界限的，能合作固好，能合并则更好。无如世界上现在还有用强力压迫人家、掠夺人家的事情，我们没有组织，就要受到人家的压迫、掠夺，而浸至无以自存了。这是现今时代国家所以重要的原因。世界上的人多着呢，为什么有些人能合组一个国家，有些人却要分做两国呢？这个原因，最重要的，就是民族的异同，而民族的根柢，则为文化。世界文化的发达，其无形的目的，总是向着大同之路走的，但非一蹴可几。未能至于大同之时，则文化相同的人民可以结为一体，通力合作，以共御外侮；文化不相同的则不能然，此即民族国家形成的原理。在现今世界上，非民族的国家固多，然总不甚稳固。其内部能平和相处，强大民族承认弱小民族自决权利的还好，其不然的，往往演成极激烈的争斗；而一民族强被分割的，亦必出死力以求其合，这是世界史上数见不鲜的事。所以民族国家，在现今，实在是一个最重要的组织。若干人民，其文化能互相融和而成为一个民族，一个民族而能建立一个强固的国家，都是很不容易的事。苟其能之，则这一个国家，就是这一个民族在今日世界上所以自卫，而对世界的进化尽更大的责任的良好工具了。

中国是世界上最大的一个民族国家，这是无待于言的。一个大民族，固然总是融合许多小民族而成，然其中亦必有一主体。为中国民族主体的，无疑是汉族了。汉族的由来，在从前是很少有人提及的。这是因为从前人地理知识的浅薄，不知道中国以外还有许多地方之故。至于记载邃古的时代，自然是没有的。后来虽然有了，然距邃古的时代业已很远，又为神话的外衣所蒙蔽。一个民族不能自知其最古的历史，正和一个人不能自知其极小时候的情形一样。如其开化较晚，而其邻近有先进的民族，这一个民族的古史，原可借那一个民族而流传，中国却又无有。那么，中国民族最古的情形，自然无从知道了。直至最近，中国民族的由来，才有人加以考究，而其初还是西人，到后来，中国人才渐加注意。

从前最占势力的是"西来说"，即说中国民族，自西方高地而来。其中尤被人相信的，为中国民族来自黄河上源昆仑山之说。此所谓黄河上源，乃指今新疆的于阗河；所谓昆仑山，即指于阗河上源之山。这是因为：(一)中国的开化，起于黄河流域；(二)汉武帝时，汉使穷河源，说河源出于于阗。《史记·大宛列传》说，天子案古图书，河源出于昆仑。后人因汉代去古未远，相信武帝所案，必非无据之故。其实黄河上源，明明不出于阗。若说于阗河伏流地下，南出而为黄河上源，则为地势所不容，明明是个曲说。而昆仑的地名，在古书里也是很神秘的，并不能实指其处，这只要看《楚辞》的《招魂》、《淮南子》的《地形训》和《山海经》便知。所以以汉族开化起于黄河流域，而疑其来自黄河上源，因此而信今新疆西南部的山为汉族发祥之地，根据实在很薄弱。这一说，在旧时诸说中，是最有故书雅记作根据的，而犹如此，其他更不必论了。

范昧的古史，虽然可以追溯至数千年以上，然较诸民族的缘起，则是远后的。所以追求民族的起源，实当求之于考古学，而不当求之于历史。考古学在中国，是到最近才略见曙光的。其所发现的人类，最古的是 1903 年河北房山县周口店所发现的北京人 [Peking Man。按此名为安特生所名；协和医学院解剖学教授步达生 (Davidson Black) 名之为 Sinanthropus Pekinensis；叶为耽名之曰震旦人，见所著《震旦人与周口店文化》，商务印书馆本]。据考古学家的研究，其时约距今四十万年。其和中国人有无关系，殊不可知，不过因此而知东方亦是很古的人类起源之地罢了。其和历史时代可以连接的，则为民国十年辽宁锦西沙锅屯、河南渑池仰韶村，及十二三年甘肃临夏、宁定、民勤、青海贵德及青海沿岸所发现的彩色陶器，和俄属土耳其斯单所发现的酷相似。考古家安特生 (J.G.Andersson) 因谓中国民族，实自中亚经新疆、甘肃而来。但彩陶起自巴比伦，事在公元前 3500 年，传至小亚细亚，约在公元前 2500 年至前 2000 年，传至古希腊，则在前 2000 年至前 1000 年；俄属土耳其斯单早有铜器，河南、甘肃、青海之初期则无之，其时必在公元 2500 年之前，何以传播能如是之速？制铜之术，又何以不与制陶并传？斯坦因 (Sir Aurel Stein) 在新疆考古，所得汉、唐遗物极多，而先秦之物，则决无所得，可见中国文化在先秦世实尚未行于西北，安特生之说，似不足信了（此说据金兆梓《中国人种及文化由来》，见《东方杂志》第二十六卷第二期）。

民国十九年以后，山东历城的城子崖、滕县的安上村，都发现了黑色陶器。江苏武进的奄城，金山的戚家墩，吴县的磨盘山、黄壁山；浙江杭县的古荡、良渚，吴兴的钱山漾，嘉兴的双栖，平湖的乍浦，海盐的澉浦，亦得有新石器时代的石器、陶器，其中杭县的黑陶，颇与山东相类。又河域所得陶器，皆为条纹及席纹；南京、江、浙和山东邹县、福建武平、辽宁金县貔子窝及香港的陶器，则其文理为几何形。又山东、辽宁有有孔石斧，朝鲜、日本有有孔石厨刀，福建厦门、武平有有沟石锛，南洋群岛有有沟石斧，大洋洲木器所刻动物形，有的和中国铜器上的动物相像。北美阿拉斯加的土器，也有和中国相像的。然则中国沿海一带，实自有其文化。据民国十七年以后中央研究院在河南所发掘，安阳的侯家庄、濬县的大赉店，兼有彩色、黑色两种陶器，而安阳县北的小屯村，即 1898、1899 年发现甲骨文字之处，世人称为“殷墟”的，亦有几何纹的陶器。又江、浙石器中，有戈、矛及钺，河域惟殷墟有之。鬲为中国所独有，为鼎之前身，辽东最多，仰韶亦有之，甘肃、青海，则至后期才有。然则中国文化，在有史以前，似分东、西两系。东系以黑陶为代表，西系以彩陶为代表，而河南为其交会之地。彩陶为西方文化东渐的，代表中国固有的文化的，实为黑陶。试以古代文化现象证之：（一）“国君无故不杀牛，大夫无故不杀羊，士无故不杀犬豕”，而鱼鳖则为常食。（二）衣服材料，以麻、丝为主，裁制极其宽博。（三）古代的人民，是巢居或湖居的。（四）其货币多用贝。（五）在宗教上又颇敬畏龙蛇。皆足证其文化起于东南沿海之处；彩陶文化之为外铄，似无疑义了。

在古代，亚洲东方的民族，似可分为三系，而其处置头发的方法，恰可为其代表，这是一件极有趣味的事，即北族辫发、南族断发、中原冠带。《尔雅·释言》说：“齐，中也。”《释地》说：“自齐州以南戴日为丹穴，北戴斗极为空同，东至日所出为大平，西至日所入为大蒙。”“齐”即今之“脐”字，本有“中央”之义。古代的民族，总是以自己所居之地为中心的，齐州为汉族发祥之地，可无疑义了。然则齐州究在何处呢？我们固不敢断言其即后来的齐国，然亦必与之相近。又《尔雅·释地》说“中有岱岳”，而泰山为古代祭天之处，亦必和我民族起源之地有关。文化的发展，总是起于大河下流的，埃及和小亚细亚即其明证。与其说中国文化起于黄河上流，不如说其起于黄河下流的切于事情了。

近来有些人，窥见此中消息，却又不知中国和南族之别，甚有以为中国人即是南族的，这个也不对。南族的特征是断发文身，“断发”即我国古代的髠刑，“文身”则是古代的黥刑。以南族的装饰为刑，可见其曾与南族相争斗，而以其俘虏为奴隶。

近代的考古学，证明长城以北的古物，可分为三类：（一）打制石器，其遗迹西起新疆，东至东三省，而限于西辽河、松花江以北，环绕着沙漠。（二）细石器，限于兴安岭以西。与之相伴的遗物，有类似北欧及西伯利亚的，亦有类似中欧及西南亚的，两者均系狩猎或畜牧民族所为。（三）磨制石器，北至黑龙江昂昂溪，东至朝鲜北境，则系黄河流域的农耕民族所为，其遗物多与有孔石斧及类鬲的土器并存，与山东龙口所得的土器极相似。可见我国民族，自古即介居南北两民族之间，而为东方文化的主干了（步达生言仰韶村、沙锅屯的遗骸，与今华北人同，日本清野谦次亦谓貔子窝遗骸，与仰韶村遗骸极相似）。

第二讲

中国史的年代

讲历史要知道年代，正和讲地理要知道经纬线一般。有了经纬线，才知道某一地方在地球面上的某一点，和其余的地方距离如何，关系如何。有了年代，才知道某一件事发生在悠远年代中的某一时，当时各方面的情形如何，和其前后诸事件的关系如何。不然，就毫无意义了。

正确的年代，源于：(一)正确，(二)不断的记载。中国正确而又不断的记载，起于什么时候呢？那就是周朝厉、宣两王间的共和元年。下距民国纪元2752年，公历纪元841年，在世界各国中，要算是很早的了。但是比之于人类的历史，还如小巫之见大巫。世界之有人类，其正确的年代虽不可知，总得在四五十万年。历史确实的纪年，只有二千余年，正像人活了一百岁，只记得一年不到的事情，要做正确的年谱，就很难了。虽然历史无完整的记载，历史学家仍有推求之法。那便是据断片的记载，涉及天地现象的，用历法推算。中国用这方法的也很多。

其中较为通行的，一为《汉书 · 律历志》所载刘歆之所推算，一为宋朝邵雍之所推算。刘歆所推算：周朝 867 年，殷朝 629 年，夏朝 432 年，虞舜在位五十年，唐尧在位七十年。周朝的灭亡，在民国纪元前 2167 年，公历纪元前 256 年。则唐尧的元年，在民国纪元前 4215 年，公历纪元前 2305 年。据邵雍所推算，则唐尧元年，在民国纪元前 4268 年，公历纪元前 2357 年。据历法推算，本是极可信据的，但前人的记载，未必尽确，后人的推算，也不能无误，所以也不可尽信。不过这所谓不可信，仅系不密合，论其大概，还是不误的。《孟子 · 公孙丑下篇》说："由周而来，七百有余岁矣。"《尽心下篇》说："由尧、舜至于汤，五百有余岁；由汤至于文王，五百有余岁；由文王至于孔子，五百有余岁。"乐毅报燕惠王书，称颂昭王破齐之功，说他"收八百岁之蓄积"。《韩非子 · 显学篇》说："殷、周七百余岁（此'七百余岁'但指周言），虞、夏二千余岁。"都和刘歆、邵雍所推算，相去不远。古人大略的记忆，十口相传，是不会大错的。然则我国历史上可知而不甚确实的年代，大约在四千年以上了。

自此以上，连断片的记录，也都没有，则只能据发掘所得，推测其大略，是为先史时期。人类学家把人类所用的工具，分别它进化的阶段，最早的为旧石器时期，次之为新石器时期，都在有史以前，更次之为青铜器时期，更次之为铁器时期，就在有史以后了。我国近代发掘所得，据考古学家的推测：周口店的遗迹，约在旧石器前期之末，距今二万五千年至七万年。甘、青、河南遗迹，早的在新石器时期，在公历纪元前 2600 至 3500 年之间；晚的在青铜器时期，在公历纪元前 1700 至 2600 年之间。按古代南方铜器的发明，似较北方为早，则实际上，我国开化的年代，或许还在此以前。

中国古书上，有的把古史的年代，说得极远而且极确实的，虽然不足为凭，然因其由来甚远，亦不可不一发其覆。按《续汉书 · 律历志》载蔡邕议历法的话，说《元命苞》《乾凿度》都以为自开辟至获麟（“获麟”是《春秋》的末一年，在公元前481年），二百七十六万岁。司马贞《补三皇本纪》，则说《春秋纬》称自开辟至获麟，凡三百二十七万六千岁，分为十纪。据《汉书·律历志》刘歆的三统历法，以十九年为一章，四章为一蔀，二十蔀为一纪，三纪为一元。二百七十五万九千二百八十年，乃是六百十三元之数。《汉书·王莽传》说：莽下三万六千岁历，三万六千被乘于九十一，就是三百二十七万六千年了。这都是乡壁虚造之谈，可谓毫无历史上的根据。

第三讲

古代的开化

中国俗说，最早的帝王是盘古氏。古书有的说他和天地开辟并生，有的说他死后身体变化而成日月、山河、草木等。（徐整《三五历记》说："天地混沌如鸡子，盘古生其中。万八千岁，天地开辟，阳清为天，阴浊为地，盘古在其中……天日高一丈，地日厚一丈，盘古日长一丈。如此万八千岁，天数极高，地数极深，盘古极长。"《五运历年记》说："首生盘古，垂死化身：气成风云，声为雷霆，左眼为日，右眼为月，四肢、五体为四极、五岳，血液为江河，筋脉为地理，肌肉为田土，发髭为星辰，皮毛为草木，齿骨为金石，精髓为珠玉，汗流为雨，身之诸虫，因风所感，化为黎虻。"）这自然是附会之辞，不足为据。《后汉书·南蛮传》说：汉时长沙、武陵蛮（长沙、武陵，皆后汉郡名。长沙，治今湖南长沙县。武陵，治今湖南常德县）的祖宗，唤做盘瓠，乃是帝喾高辛氏的畜狗。当时有个犬戎国，为中国之患。高辛氏乃下令，说有能得犬戎吴将军的头的，赏他黄金万镒，还把自己的女儿嫁给他。令下之后，盘瓠衔了吴将军的头来。遂背了高辛氏的公主，走入南山，生了六男六女，自相夫妻，成为长沙、武陵蛮的祖宗。现在广西一带，还有祭祀盘古的。闽、浙的畲民，则奉盘瓠为始祖，其画像仍作狗形。有人说：盘古就是盘瓠，这话似乎很确。但是《后汉书》所记，只是长沙、武陵一支，而据古书所载，则盘古传说，分布之地极广，而且决无为帝喾畜狗之说（据《路史》：会昌有盘古山，湘乡有盘古堡，雩都有盘古祠，成都、淮安、京兆亦皆有盘古庙。会昌，今江西会昌县。湘乡，今湖南湘乡县。雩都，今江西雩都县。成都，今四川成都县。淮安，今江苏淮安县。京兆，今西京），则盘古、盘瓠，究竟是一是二，还是一个疑问。如其是二，则盘古本非中国民族的始祖；如其是一，除荒渺的传说外，亦无事迹可考，只好置诸不论不议之列了。

在盘古之后，而习惯上认为很早的帝王的，就是三皇、五帝。三皇、五帝之名，

盘古。

神农。

黄帝。

见于《周官》外史氏，并没说他是谁。后来异说甚多(三皇异说：《白虎通》或说，无燧人而有祝融。《礼记·曲礼正义》说：郑玄注《中候敕省图》引《运斗枢》，无遂人而有女娲。按《淮南子·天文训》《览冥训》及《论衡》的《谈天》《顺鼓》两篇，都说共工氏触不周之山，天柱折，地维缺，女娲炼五色石以补天，断鳌足以立四极。而司马贞《补三皇本纪》说系共工氏与祝融战，则女娲、祝融一人。祝融为火神，燧人是发明钻木取火的，可见其仍系一个部族。五帝异说：则汉代的古学家，于黄帝、颛顼之间，增加了一个少昊，于是五帝变成六人。郑玄注《中候敕省图》，乃谓德合五帝坐星，即可称帝，故“实六人而为五”。然总未免牵强。东晋晚出的《伪古文尚书》的《伪孔安国传序》，乃将三皇中的燧人除去，而将黄帝上升为三皇，于是六人为五的不通，给他弥缝过去了。《伪古文尚书》今已判明其为伪，人皆不之信，东汉古学家之说，则尚未显被推翻。但古学家此说，不过欲改五德终始说之相胜为相生，而又顾全汉朝之为火德，其作伪实无以异，而手段且更拙。按五德终始之说，创自邹衍，本依五行相胜的次序。依他的说法，是虞土、夏木、殷金、周火，所以秦始皇自以为水德，而汉初自以为土德。到刘向父子出，改五德的次序为五行相生，又以汉为尧后。而黄帝的称号为黄，黄为土色，其为土德，无可移易。如此，依五帝的旧次，颛顼金德，帝喾水德，尧是木德，与汉不同德了。于其间增一少昊为金德，则颛顼水德，帝喾木德，尧为火德，与汉相同；尧以后则虞土，夏金，殷水，周木，而汉以火德承之，秦人则被视为闰位，不算入五德相承次序。这是从前汉末年发生，至后汉而完成的一套五德终始的新说，其说明见于《后汉书·贾逵传》，其不能据以言古代帝王的统系，是毫无疑义的了)，其较古的，还是《风俗通》引《含文嘉》，以燧人、伏羲、神农为三皇，《史记·五帝本纪》以黄帝、颛顼、帝喾、尧、舜为五帝之说。燧人、伏羲、神农，不是“身相接”的，五帝则有世系可考。据《史记·五

少昊。

颛顼。

帝喾。

帝本纪》及《大戴礼记 · 帝系篇》，其统系如下：

黄帝
- **玄嚣——蟜极——帝喾——尧**
- **昌意——帝颛顼**
  - **穷蝉——敬康——句望——蟜牛——瞽叟——舜**
  - **鲧——禹**

按五帝之说，源于五德终始，五德终始之说，创自邹衍，邹衍是齐人，《周官》所述的制度，多和《管子》相合，疑亦是齐学。古代本没有一个天子是世代相承的；即一国的世系较为连贯的，亦必自夏以后。夏、殷两代，后世的史家，都认为是当时的共主，亦是陷于时代错误的。据《史记 · 夏本纪》《史记 · 殷本纪》所载，明明还是盛则诸侯来朝，衰则诸侯不至，何况唐、虞以上？所以三皇、五帝，只是后人造成的一个古史系统，实际上怕全不是这么一回事。但自夏以后，一国的世系，既略有可考；而自黄帝以后，诸帝王之间，亦略有不很正确的世系，总可借以推测古史的大略了。

古代帝王的称号，有所谓德号及地号（服虔说，见《礼记 · 月令》《疏》），德号是以其所做的事业为根据的，地号则以其所居之地为根据。按古代国名、地名，往往和部族之名相混，还可以随着部族而迁移，所以虽有地号，其部族究在何处，仍难断言。至于德号，更不过代表社会开化的某阶段；或者某一个部族，特长于某种事业；并其所在之地而不可知，其可考见的真相，就更少了。然既有这些传说，究可略据之以为推测之资。传说中的帝王，较早而可考见社会进化的迹象的，是有巢氏和燧人氏。有巢氏教民构木为巢，燧人氏教民钻木取火，见于《韩非子》的《五蠹篇》。稍后则为伏羲、神农。伏羲氏始画八卦，作结绳而为网罟，以佃以渔；神农氏斫木为耜，揉木为耒，日中为市；见于《易经》的《系辞传》。有巢、燧人、神农都是德号，显而易见。伏羲氏，《易传》作包牺氏，包伏一声之转。据《风俗通》引《含文嘉》，是"下伏而化之"之意，羲化亦是一声。他是始画八卦的，大约在宗教上很有权威，其为德号，亦无疑义。这些都不过代表社会进化的一个阶段，究有其人与否，殊不可知。但各部族的进化，不会同时，某一个部族，对于某一种文化，特别进步得早，是可能有的。如此，我们虽不能说在古代确有发明巢居、取火、佃渔、耕稼的帝王，却不能否认对于这些事业，有一个先进的部族。既然有这部族，其时、地就该设法推考了。伏羲古称为太昊氏，风姓，据《左传》僖公二十一年所载，任、宿、须句、颛臾四国，是其后裔。任在今山东的济宁县，宿和须句都在东平县，颛臾在费县。神农，《礼记·月令》《疏》引《春秋说》，称为大庭氏。《左传》昭公十八年，鲁有大庭氏之库。鲁国的都城，即今山东曲阜县（《帝王世纪》说伏羲都陈，乃因左氏有"陈太昊之墟"之语而附会，不足信，见下文。又说神农氏都陈徙鲁，则因其承伏羲之后而附会的）。然则伏羲、神农，都在今山东东南部，和第一讲所推测的汉族古代的根据地，是颇为相合的了。

神农亦称炎帝，炎帝之后为黄帝，炎、黄之际，是有一次战事可以考见的，古史的情形，就更较明白了。《史记·五帝本纪》说：神农氏世衰，诸侯相侵伐，弗能征，而蚩尤氏最为暴。“黄帝乃征师诸侯，与蚩尤战于涿鹿之野，遂擒杀蚩尤。”又说：“炎帝欲侵陵诸侯，诸侯咸归轩辕。”（《史记·五帝本纪》说黄帝名轩辕，他书亦有称为轩辕氏的。按古书所谓名，兼一切称谓，不限于名字之名。）轩辕“与炎帝战于阪泉之野，三战，然后得其志”。其说有些矛盾。《史记》的《五帝本纪》，和《大戴礼记》的《五帝德》，是大同小异的，《大戴礼记》此处，却只有和炎帝战于阪泉，而并没有和蚩尤战于涿鹿之事。神农、蚩尤，都是姜姓。《周书·史记篇》说“阪泉氏徙居独鹿”，“独鹿”之即涿鹿，亦显而易见。然则蚩尤、炎帝，即是一人，涿鹿、阪泉，亦系一地。《太平御览·州郡部》引《帝王世纪》转引《世本》，说涿鹿在彭城南，彭城是今江苏的铜山县（服虔谓涿鹿为汉之涿郡，即今河北涿县。皇甫谧、张晏谓在上谷，则因汉上谷郡有涿鹿县而云然，皆据后世的地名附会，不足信。汉涿鹿县即今察哈尔涿鹿县）。《世本》是古书，是较可信据的，然则汉族是时的发展，仍和鲁东南不远了。黄帝之后是颛顼，颛顼之后是帝喾，这是五帝说的旧次序。后人于其间增一少昊，这是要改五德终始之说相胜的次序为相生，又要顾全汉朝是火德而云然，无足深论。但是有传于后，而被后人认为共主的部族，在古代总是较强大的，其事迹仍旧值得考据，则无疑义。《史记·周本纪正义》引《帝王世纪》说：炎帝、黄帝、少昊，都是都于曲阜的，而黄帝自穷桑登帝位，少昊氏邑于穷桑，颛顼则始都穷桑，后徙帝丘。它说“穷桑在鲁北，或云穷桑即曲阜也”。《帝王世纪》，向来认为不足信之书，但只是病其牵合附会，其中的材料，还是出于古书的，只要不轻信其结论，其材料仍可采用。《左传》定公四年说伯禽封于少昊之墟，昭公二十年说：“少昊氏有四叔，世不失职，遂济穷桑”，则穷桑近鲁，少昊氏都于鲁之说，都非无据。帝丘地在今河北濮阳县，为后来卫国的都城。颛顼徙帝丘之说，乃因《左传》昭公十七年“卫颛顼之虚”而附会，然《左传》此说，与“陈太昊之墟”“宋大辰之虚”“郑祝融之虚”并举，大辰，无论如何，不能说为人名或国名（近人或谓即《后汉书》朝鲜半岛的辰国，证据未免太乏），则太昊、祝融、颛顼，亦系天神，颛顼徙都帝丘之说，根本不足信了。《史记·五帝本纪》说：黄帝正妃“嫘祖生二子，其后皆有天下。其一曰玄嚣，是为青阳，青阳降居江水”，此即后人指为少昊的。“其二曰昌意，降居若水，生高阳。”“高阳”即帝颛顼。后人以今之金沙江释此文的江水，鸦龙江释此文的若水，此乃大误。古代南方之水皆称江。《史记·殷本纪》引《汤诰》，说“东为江，北为济，西为河，南为淮，四渎已修，万民乃有居”，其所说的江，即明明不是长江（淮、泗、汝皆不入江，而《孟子·滕文公上篇》说禹“决汝、汉，排淮、泗，而注之江”，亦由于此）。《吕览·古乐篇》说：“帝颛顼生自若水，实处空桑，乃登为帝。”可见若水实与空桑相近。《山海经·海内经》说：“南海之内，黑水、青水之间，有木焉，名曰若木，若水出焉。”《说文》桑字作，若水之若，实当作，仍系桑字，特加以像根形，后人认为若字实误。《楚辞》的若木，亦当作桑木，即神话中的扶桑，在日出之地（此据王筠说，见《说文释例》）。然则颛顼、帝喾，踪迹仍在东方了。

继颛顼之后的是尧，继尧之后的是舜，继舜之后的是禹。尧、舜、禹的相继，据儒家的传说，是纯出于公心的，即所谓“禅让”，亦谓之“官天下”。但《庄子·盗跖篇》有尧杀长子之说，《吕览·去私》《求人》两篇，都说尧有十子，而《孟子·万章上篇》和《淮南子·泰族训》，都说尧只有九子，很像尧的大子是被杀的（俞正燮即因此疑之，见所著《癸巳类稿·鼻证》）。后来《竹书纪年》又有舜囚尧，并偃塞丹朱，使不与尧相见之说。刘知几因之作《疑古篇》，把尧、舜、禹的相继，看作和后世的篡夺一样。其实都不是真相。古代君位与王位不同。尧、舜、禹的相继，乃王位而非君位，这正和蒙古自成吉思汗以后的汗位一样。成吉思汗以后的大汗，也还是出于公举的（详见第二十七讲）。前一个王老了，

帝尧。

帝舜。

要指定一人替代，正可见得此时各部族之间，已有较密切的关系，所以共主之位，不容空缺。自夏以后，变为父子相传，古人谓之“家天下”，又可见得被举为王的一个部族，渐次强盛，可以久居王位了。

尧、舜、禹之间，似乎还有一件大事，那便是汉族的开始西迁。古书中屡次说颛顼、帝喾、尧、舜、禹和共工、三苗的争斗（《淮南子·天文训》《兵略训》，都说共工与颛顼争，《原道训》说共工与帝喾争。《周书·史记篇》说：共工亡于唐氏。《书经·尧典》说：舜流共工于幽州。《荀子·议兵篇》说：禹伐共工。《书经·尧典》又说：舜迁三苗于三危。《甫刑》说：“皇帝遏决苗民，无世在下。”皇帝，《疏》引郑注以为颛顼，与《国语》《楚语》相合。而《战国·魏策》，《墨子》的《兼爱》《非攻》，《韩非子》的《五蠹》，亦均载禹征三苗之事）。共工、三苗都是姜姓之国，似乎姬、姜之争，历世不决，而结果是姬姓胜利的。我的看法，却不是如此。《国语·周语》说：“共工欲壅防百川，堕高堙卑，鲧称遂共工之过，禹乃高高下下，疏川导滞。”似乎共工和鲧，治水都是失败的，至禹乃一变其法。然《礼记·祭法篇》说“共工氏之霸九州也，其子曰后土，能平九州”，则共工氏治水之功，实与禹不相上下。后人说禹治水的功绩，和唐、虞、夏间的疆域，大抵根据《书经》中的《禹贡》，其实此篇所载，必非禹时实事。《书经》的《皋陶谟》载禹自述治水之功道：“予决九川，距四海，濬畎浍距川。”九川特极言其多。四海的“海”字，乃晦暗之义。古代交通不便，又各部族之间，多互相敌视，本部族以外的情形，就茫昧不明，所以夷、蛮、戎、狄，谓之四海（见《尔雅·释地》，中国西北两面均无海，而古称四海者以此）。“州”“洲”本系一字，亦即今之“岛”字。《说文》川部：“州，水中可居者。昔尧遭洪水，民居水中高土，故曰九州。”此系唐、虞、夏间九州的真相，决非如《禹贡》所述，跨今黄河、长江两流域。同一时代的人，知识大抵相类，禹的治水，能否一变共工及鲧之法，实在是一个疑问。堙塞和疏导之法，在一个小区域之内，大约共工、鲧、禹，都不免要并用的。但区域既小，无论堙塞，即疏导，亦决不能挽回水灾的大势，所以我疑心共工、鲧、禹，虽然相继施功，实未能把水患解决，到禹的时代，汉族的一支，便开始西迁了。尧的都城，《汉书·地理志》说在晋阳，即今山西的太原县。郑玄《诗谱》说他后迁平阳，在今山西的临汾县。《帝王世纪》说舜都蒲阪，在今山西的永济县。又说禹都平阳，或于安邑，或于晋阳，安邑是今山西的夏县。这都是因后来的都邑而附会。《太平御览·州郡部》引《世本》说：尧之都后迁涿鹿；《孟子·离娄下篇》说“舜生于诸冯，迁于负夏，卒于鸣条”。这都是较古之说。涿鹿在彭城说已见前。诸冯、负夏、鸣条皆难确考。然鸣条为后来汤放桀之处，桀当时是自西向东走的，则鸣条亦必在东方。而《周书·度邑解》说：“自洛汭延于伊汭，居易无固，其有夏之居。”这虽不就是禹的都城，然自禹的儿子启以后，就不闻有和共工、三苗争斗之事，则夏朝自禹以后，逐渐西迁，似无可疑。然则自黄帝至禹，对姜姓部族争斗的胜利，怕也只是姬姓部族自己夸张之辞，不过只有姬姓部族的传说，留遗下来，后人就认为事实罢了。为什么只有姬姓部族的传说，留遗于后呢？其中仍有个关键。大约当时东方的水患，是很烈的，而水利亦颇饶。因其水利颇饶，所以成为汉族发祥之地。因其水患很烈，所以共工、鲧、禹，相继施功而无可如何。禹的西迁，大约是为避水患的。当时西边的地方，必较东边为瘠，所以非到水久治无功时，不肯迁徙。然既迁徙之后，因地瘠不能不多用人力，文明程度转而因此进步，而留居故土的部族，反落其后了。这就是自夏以后，西方的历史传者较详，而东方较为茫昧之故。然则夏代的西迁，确是古史上的一个转折，而夏朝亦确是古史上的一个界划了。

第四讲

夏殷西周的事迹

夏代事迹，有传于后的，莫如太康失国少康中兴一事。这件事，据《左传》《周书》《墨子》《楚辞》所载（《左传》襄公四年、哀公元年，《周书·尝麦解》，《墨子·非乐》，《楚辞·离骚》），大略是如此的：禹的儿子启，荒于音乐和饮食。死后，他的儿子太康兄弟五人，起而作乱，是为五观。太康因此失国，人民和政权，都入于有穷后羿之手。太康传弟仲康，仲康传子相（夏朝此时，失掉的是王位，并非君位，所以仍旧相传）。羿因荒于游畋，又为其臣寒浞所杀。寒浞占据了羿的妻妾，生了两个儿子：一个唤作浇，一个唤作豷。夏朝这时候，依靠他同姓之国斟灌和斟寻。寒浞使浇把他们都灭掉，又灭掉夏后相。使浇住在唤作过、豷住在唤作戈的地方。夏后相的皇后，是仍国的女儿，相被灭时，正有身孕，逃归母家，生了一个儿子，是为少康。做了仍国的牧正。寒浞听得他有才干，使浇去寻找他。少康逃到虞国。虞国的国君，把两个女

商汤王真像。清代画家姚文瀚绘。现藏于美国纽约大都会博物馆。

夏禹。

皋陶。

儿嫁给他，又把唤作纶的地方封他。有一个唤作靡的，当羿死时，逃到有鬲氏，就从有鬲氏收合斟灌、斟寻的余众，把寒浞灭掉。少康灭掉了浇，少康的儿子杼又灭掉了豷。穷国就此灭亡。这件事，虽然带些神话和传说的性质，然其匡廓尚算明白，颇可据以推求夏代的情形。旧说的释地，是全不足据的。《左传》说“后羿自鉏迁于穷石”，又说羿“因夏民以代夏政”，则穷石即非夏朝的都城，亦必和夏朝的都城相近。《路史》说安丰有穷谷、穷水，就是穷国所在，其地在今安徽霍邱县。《汉书 · 地理志》《注》引应劭说：有穷是偃姓之国，皋陶之后。据《史记 · 五帝本纪》，皋陶之后，都是封在安徽六安一带的。过，不可考。戈，据《左传》，地在宋、郑之间（见《左传》哀公十二年）。《春秋》桓公五年，天王使仍叔之子来聘，仍，《穀梁》作任，地在今山东的济宁县。虞国当系虞舜之后，旧说在今河南的虞城县。《周书》称太康兄弟五人为“殷之五子”。又说：“皇天哀禹，赐以彭寿，思正夏略。”殷似即后来的亳殷，在今河南的偃师县（即下文所引《春秋繁露》说汤作官邑于下洛之阳的。“官”“宫”二字古通用，作官邑就是造房屋和城郭。商朝的都城所在，都称为“亳”，此地大约本名殷，商朝所以又称殷朝）。彭寿该是立国于彭城的。按《世本》说禹都阳城，地在今河南的登封县，西迁未必能如此之速。综观自太康至少康之事，似乎夏朝的根据地，本在安徽西部，而逐渐迁徙到河南去，入于上讲所引《周书》所说的“自洛汭延于伊汭”这一个区城的。都阳城该是夏朝后代的事，而不是禹时的事。从六安到霍邱，地势比较高一些，从苏北鲁南避水患而迁于此，又因战争的激荡而西北走向河南，似乎于情事还合。

但在这时候，东方的势力，亦还不弱，所以后来夏朝卒亡于商。商朝的始祖名契，封于商。郑玄说地在大华之阳，即今陕西的商县，未免太远。《史记·殷本纪》说：“自契至于成汤八迁。”《世本》说契居蕃，契的儿子昭明居砥石，昭明的儿子相土居商丘，扬雄《兖州牧箴》说“成汤五徙，卒归于亳”，合之恰得八数。蕃当即汉朝的蕃县，为今山东的滕县。商丘，当即后来宋国的都城，为今河南的商丘县。五迁地难悉考。据《吕览 · 慎大》《具备》两篇，则汤尝居郼，郼即韦，为今河南的滑县。《春秋繁露 · 三代改制质文篇》说“汤受命而王，作官邑于下洛之阳”，此当即亳殷之地。《诗 · 商颂》说：“韦，顾既伐，昆吾，夏桀。”顾在今山东的范县。昆吾，据《左传》昭公十二年《传》楚灵王说“昔我皇祖伯父昆吾，旧许是宅”，该在今河南的许昌县，而哀公十七年，又说卫国有昆吾之观，卫国这时候，在今河北的濮阳县，则昆吾似自河北迁于河南。《史记 · 殷本纪》说：“汤自把钺以伐昆吾，遂伐桀。”“桀败于有娀之虚，桀奔于鸣条。”《左传》昭公四年“夏桀为仍之会，有缗叛之”，《韩非子 · 十过篇》亦有这话，仍作娀，则有娀，即有仍。鸣条为舜卒处，已见上讲。合观诸说，商朝似乎举于今鲁、豫之间，汤先平定了河南的北境，然后向南攻桀，桀败后是反向东南逃走的。观桀之不向西走而向东逃，可见此时伊、洛以西之地，还未开辟。

渭水飞熊图。姜太公钓鱼愿者上钩。

契，商朝始祖。

伊尹，辅佐汤建立商朝。

据《史记》的《夏本纪》《殷本纪》，夏朝传国共十七代，商朝则三十代。商朝的世数所以多于夏，大约是因其兼行兄终弟及之制而然。后来的鲁国，自庄公以前，都是一生一及，吴国亦有兄终弟及之法，这亦足以证明商朝的起于东方。商朝的事迹，较夏朝传者略多。据《史记》：成汤以后，第四代大甲，第九代大戊，第十三代祖乙，第十九代盘庚，第二十二代武丁，都是贤君，而武丁之时，尤其强盛。商朝的都城，是屡次迁徙的。第十代仲丁迁于隞地，在今河南荥泽县（隞，《书序》作嚣，《书序》不一定可信，所以今从《史记》。隞的所在，亦有异说。但古书皆东周至汉的人所述，尤其大多数是汉朝人写下来的，所以用的大抵是当时的地名，所以古书的释地，和东周、秦、汉时地名相近的，必较可信。如“隞”即“敖”，今之荥泽县，为秦、汉间敖仓所在，以此释仲丁所迁之隞，确实性就较大些。这是治古史的通例，不能一一具说，特于此发其凡）。第十二代河亶甲居相，在今河南内黄县。第十三代祖乙迁于邢，在今河北邢台县。到盘庚才迁回成汤的旧居亳殷。第二十七代武乙，复去亳居河北。今河南安阳县北的小屯村，即发现龟甲兽骨之处，据史学家所考证，其地即《史记 · 项羽本纪》所谓殷墟，不知是否武乙时所都。至共第三十代即最后一个君主纣，则居于朝歌，在今河南淇县。综观商朝历代的都邑，都在今河南省里的黄河两岸，还是汤居亳，营下洛之阳的旧观。周朝的势力，却更深入西北部了。

周朝的始祖名弃，是舜之时居稷官的，封于邰。历若干代，至不窋，失官，奔于戎狄之间。再传至公刘，居邠，仍从事于农业。又十传至古公亶父，复为狄所逼，徙岐山下。邰，旧说是今陕西的武功县。邠是今陕西的邠县，岐是今陕西的岐山县。近人钱穆说，《左传》昭公元年说金天氏之裔子台骀封于汾川，《周书·度邑篇》说武王升汾之阜以望商邑，汾即邠，邰则因台骀之封而得名，都在今山西境内。亶父逾梁山而至岐，梁山在今陕西韩城县，岐山亦当距梁山不远（见所著《周初地理考》）。据他这说法，则后来文王居丰，武王居镐，在今陕西鄠县界内的，不是东下，乃是西上了。河、汾下流和渭水流域，地味最为肥沃，周朝是农业部族，自此向西拓展，和事势是很合的。古公亶父亦称太王，周至其时始强盛。传幼子季历以及文王，《论语》说他“三分天下有其二”（见《泰

弃。

周文王。

姜尚，尊称太公望。

伯下篇》)。文王之子武王，遂灭纣。文王时曾打破耆国，而殷人振恐，武王则渡孟津而与纣战。耆国，在今山西的黎城县，自此向朝歌，乃今出天井关南下的隘道，孟津在今河南孟县南，武王大约是出今潼关到此的，这又可以看出周初自西向东发展的方向。然武王虽胜纣，并未能把商朝灭掉，仍以纣地封其子武庚，而使其弟管叔、蔡叔监之。武王崩，子成王幼，武王弟周公摄政，管、蔡和武庚都叛。据《周书·作雒解》，是时叛者，又有徐、奄及熊、盈。徐即后来的徐国，地在泗水流域，奄即后来的鲁国，熊为楚国的氏族，盈即嬴，乃秦国的姓。可见东方诸侯，此时皆服商而不服周。然周朝此时，颇有新兴之气。周公自己东征，平定了武庚和管叔、蔡叔，灭掉奄国。又使其子伯禽平定了淮夷、徐戎。于是封周公于鲁，使伯禽就国，又封太公望于齐，又经营今洛阳之地为东都，东方的旧势力，就给西方的新势力压服了。周公平定东方之后，据说就制礼作乐，摄政共七年，而归政于成王。周公死后，据说又有所谓“雷风之变”。这件事情，见于《书经》的《金縢篇》。据旧说：武王病时，周公曾请以身代，把祝策藏在金縢之匮中。周公死，成王葬以人臣之礼。天大雷雨，又刮起大风，田禾都倒了，大木也拔了出来。成王大惧，开金縢之匮，才知道周公请代武王之事，乃改用王礼葬周公，这一场灾异，才告平息。据郑玄的说法，则武王死后三年，成王服满了，才称自己年纪小，求周公摄政。摄政之后，管叔、蔡叔散布谣言，说周公要不利于成王，周公乃避居东都。成王尽执周公的属党。遇见了雷风之变，才把周公请回来。周公乃重行摄政。此说颇不合情理，然亦不会全属子虚。《左传》昭公七年，昭公要到楚国去，梦见襄公和他送行。子服惠伯说：“先君未尝适楚，故周公祖以道之，襄公适楚矣，而祖以道君。”据此，周公曾到过楚国，而《史记·蒙恬列传》，亦有周公奔楚之说，我颇疑心周公奔楚及其属党被执，乃是归政后之事。后来不知如何，又回到周朝。周公是否是善终，亦颇有可疑，杀害了一个人，

周公旦。

傅说，“武丁中兴”时期的贤相。

因迷信的关系，又去求媚于他，这是野蛮时代常有的事，不足为怪。如此，则两说可通为一。楚国封于丹阳，其地实在丹、淅两水的会口（宋翔凤说，见《过庭录·楚鬻熊居丹阳武王徙郢考》），正当自武关东南出之路，据周公奔楚一事，我们又可见得周初发展的一条路线了。

成王和他的儿子康王之时，称为西周的盛世。康王的儿子昭王，“南巡守不返，卒于江上”（《史记·周本纪》文）。这一个“江”字，也是南方之水的通称。其实昭王是伐楚而败，淹死在汉水里的，所以后来齐桓公伐楚，还把这件事情去诘问楚国（见《左传》僖公四年）。周朝对外的威力，开始受挫了。昭王子穆王，西征犬戎。其时徐偃王强，《后汉书·东夷传》谓其“率九夷以伐宗周，西至河上”。《后汉书》此语，未知何据（《博物志》亦载徐偃王之事，但《后汉书》所据，并不就是《博物志》，该是同据某一种古说的）。《礼记·檀弓下篇》载徐国容居的话，说“昔我先君驹王，西讨济于河”。“驹王”疑即偃王，则《后汉书》之说亦非全属子虚，被压服的东方，又想恢复其旧势了。然穆王使楚伐徐，偃王走死，则仍为西方所压服。穆王是周朝的雄主，在位颇久，当其时，周朝的声势，是颇振起的，穆王死后，就无此盛况了。穆王五传至厉王，因暴虐，为国人所逐，居外十四年。周朝的卿士周公、召公当国行政，谓之共和。厉王死于外，才立其子宣王。宣王号称中兴，然其在位之三十九年，与姜氏之戎战于千亩，为其所败。千亩在今山西的介休县，则周朝对于隔河的地方，业经控制不住，西方戎狄的势力，也渐次抬头了。至子幽王，遂为犬戎和南阳地方的申国所灭。幽王灭亡的事情，《史记》所载的，恢诡有类平话，决不是真相。《左传》昭公二十六年，载周朝的王子朝告诸侯的话，说这时候“携王干命，诸侯替之，而建王嗣，用迁郏鄏”（即东都之地，见《左传》宣公三年）。则幽王死后，西畿之地，还有一个携王。周朝当时，似乎是有内忧兼有外患的。携王为诸侯所废，周朝对于西畿之地，就不能控制了。而且介休败了；出武关向丹、淅的路，又已不通，只有对于东畿，还保存着相当的势力。平王于是迁居洛阳，号称东周，其事在公元前770年。

第五讲

春秋战国的竞争和秦国的统一

文化是从一个中心点，逐渐向各方面发展的。西周以前所传的，只有后世认为共主之国一个国家的历史，其余各方面的情形，都很茫昧。固然，书阙有间，不能因我们之无所见而断言其无有，然果有文化十分发达的地方，其事实也决不会全然失传的，于此，就可见得当时的文明，还是限于一个小区域之内了。东周以后则不然，斯时所传者，以各强国和文化较发达的地方的事迹为多，所谓“天子之国”，转若在无足重轻之列。原来古代所谓“中原之地”，不过自泰岱以西，华岳以东，太行以南，淮、汉以北，为今河南、山东的大部分，河北、山西的小部分。渭水流域的开发，怕还是西周兴起以来数百年间之事。到春秋时代，情形就大不然了。当时号称大国的，有晋、楚、齐、秦，其兴起较晚的，则有吴、越，乃在今山西的西南境、山东的东北境、陕西的中部、甘肃的东部，及江苏、浙江、安徽之境。在向来所称为中原之

王振鹏《养正图》。晋文公与楚战至黄凤之陵。

六国会盟。

地的鲁、卫、宋、郑、陈、蔡、曹、许等，反夷为二三等国了。这实在是一个惊人的文化扩张。其原因何在呢？居于边地之国，因为和异族接近，以竞争磨砺而强，而其疆域亦易于拓展，该是其中最主要的。

“周之东迁，晋、郑焉依。（见《左传》隐公六年）”即此便可见得当时王室的衰弱。古代大国的疆域，大约方百里，至春秋时则夷为三等国，其次等国大约方五百里，一等国则必方千里以上。当西周之世，合东西两畿之地，优足当春秋时的一个大国而有余，东迁以后，西畿既不能恢复，东畿地方，又颇受列国的剥削，周朝自然要夷于鲁、卫了。古语说“天无二日，民无二王”，这只是当时的一个希望。事实上，所谓王者，亦不过限于一区域之内，并不是普天之下，都服从他的。当春秋时，大约吴、楚等国称雄的区域，原不在周朝所管辖的范围内，所以各自称王。周天子所管辖的区域，因强国不止一个，没有一国能尽数慑服各国，所以不敢称王，只得以诸侯之长，即所谓霸主自居。所以春秋时代，大局的变迁，系于几个霸国手里。春秋之世，首起而称霸的是齐桓公。当时异民族杂居内地的颇多，也有相当强盛的，同族中的小国，颇受其压迫。（一）本来古代列国之间，多有同姓或婚姻的关系。（二）其不然的，则大国受了小国的朝贡，亦有加以保护的义务。（三）到这时候，文化相同之国，被文化不同之国所压迫，而互相救援，那更有些甫有萌芽的微茫的民族主义在内了。所以攘夷狄一举，颇为当时之人所称道。在这一点上，齐桓公的功绩是颇大的。他曾却狄以存邢、卫，又尝伐山戎以救燕（这个“燕”该是南燕，在今河南的封丘县。《史记》说它就是战国时的北燕，在今河北蓟县，怕是弄错了的，因为春秋时单称为“燕”的，都是南燕。即北燕的初封，我疑其亦距封丘不远，后来才迁徙到今蓟县，但其事无可考）。而他对于列国，征伐所至亦颇广。曾南伐楚，西向干涉晋国内乱，晚年又曾经略东夷。古人说“五霸桓公为盛”，信非虚语了。齐桓公的在位，系自前685至前643年。桓公死后，齐国内乱，霸业遽衰。宋襄公欲继之称霸。然宋国较小，实力不足，前638年，为楚人所败，襄公受伤而死，北方遂无霸主。前632年，晋文公败楚于城濮（今山东濮县），楚国的声势才一挫。此时的秦国，亦已尽取西周旧地，东境至河，为西方一强国，然尚未能干涉中原之事。秦穆公初和晋国竞争不胜，前624年，打败了晋国的兵，亦仅称霸于西戎。中原之地，遂成为晋、楚争霸之局。前597年，楚庄王败晋于邲（今河南郑县），称霸。前591年卒。此时齐顷公亦图与晋争霸。前589年，为晋所败。前575年，晋厉公又败楚于鄢陵（今河南鄢县）。然楚仍与晋兵争不息。至前561年，楚国放弃争郑，晋悼公才称复霸。前546年，宋大夫向戌，善于晋、楚的执政，出而合二国之成，为弭兵之会，晋、楚的兵争，至此才告休息。自城濮之战至此，凡八十七年。弭兵盟后，楚灵王强盛，北方诸侯多奔走往与其朝会。然灵王奢侈而好兵争，不顾民力，旋因内乱被弑。此时吴国日渐强盛，而楚国政治腐败，前506年，楚国的都城，为吴阖闾所破，楚昭王借秦援，仅得复国，楚国一时陷于不振，然越国亦渐强，起而乘吴之后。前496年，阖闾伐越，受伤而死。前494年，阖闾子夫差破越。夫差自此骄侈，北伐齐、鲁，与晋争长于黄池（今河南封丘县），前473年，越勾践灭吴，越遂徙都琅邪，与齐、晋会于徐州（今山东诸城县），称为霸王。然根基因此不固，至前333年而为楚所灭。

此时已入于战国之世了（春秋时代，始于周平王四十九年，即鲁隐公元年，为公元前722年，终于前481年，共242年。其明年为战国之始，算至前222年秦灭六国的前一年为止，共259年）。春秋之世，诸侯只想争霸，即争得二三等国的服从，一等国之间，直接的兵争较少，有之亦不过疆场细故，不甚剧烈。至战国时，则（一）北方诸侯，亦不复将周天子放在眼里，而先后称王。（二）二三等国，已全然无足重轻，日益削弱，而终至于夷灭，诸一等国间，遂无复缓冲之国。（三）而其土地又日广，人民又日多，兵甲亦益盛，战争遂更烈。始而要凌驾于诸王之上而称帝，再进一步，就要径图并吞，实现统一的欲望了。春秋时的一等国，有发展过速，而其内部的组织，还不甚完密的，至战国时，则臣强于君的，如齐国的田氏，竟废其君而代之；势成分裂的，如晋之赵、韩、魏三家，则索性分晋而独立。看似力分而弱，实则其力量反更充实了。边方诸国，发展的趋势，依旧进行不已，其成功较晚的为北燕。天下遂分为燕、齐、赵、韩、魏、秦、楚七国。六国都为秦所并，读史的人，往往以为一入战国，而秦即最强，这是错误了的。秦国之强，起于献公而成于孝公，献公之立，在公元前385年，是入战国后的九十六年，孝公之立，在公元前361年，是入战国后的一百二十年了。先是魏文侯任用吴起等贤臣，侵夺秦国河西之地。后来楚悼王用吴起，南平百越，北并陈、蔡，却三晋，西伐秦，亦称雄于一时。楚悼王死于公元前381年，恰是入战国后的一百年，于是楚衰而魏惠王起，曾攻拔赵国的邯郸（今河北邯郸县）。后又伐赵，为齐救兵所败，秦人乘机恢复河西，魏遂弃安邑，徙都大梁（今河南开封县）。秦人渡蒲津东出的路，就开通了。然前342年，魏为逢泽之会（在开封）。《战国·秦策》称其"乘夏车，称夏王（此"夏"字该是大字的意思），朝天子，天下皆从"，则仍处于霸主的地位。其明年，又为齐所败。于是魏衰而齐代起，宣王、湣王两代，俨然称霸东方，而湣王之时为尤盛。相传苏秦约六国，合纵以摈秦，即在湣王之时。战国七雄，韩、魏地都较小，又逼近秦，故其势遂紧急，燕、赵则较偏僻，国势最盛的，自然是齐、秦、楚三国。楚袭春秋以来的声势，其地位又处于中部，似乎声光更在齐、秦之上，所以此时，齐、秦二国似乎是合力以谋楚的。《战国策》说张仪替秦国去骗楚怀王：肯决齐，则送他商於的地方六百里（即今商县之地）。楚怀王听了他，张仪却悔约，说所送的地方，只有六里。怀王大怒，兴兵伐秦。两次大败，失去汉中。后来秦国又去诱他讲和，前299年，怀王去和秦昭王相会，遂为秦人所诱执。这种类乎平话的传说，是全不足信的，事实上，该是齐、秦合力以谋楚。然而楚怀王入秦的明年，齐人即合韩、魏以伐秦，败其兵于函谷（在今河南灵宝县西南，此为自河南入陕西的隘道的东口，今之潼关为其西口）；前296年，怀王死于秦，齐又合诸侯以攻秦；则齐湣王似是合秦以谋楚，又以此为秦国之罪而伐之的，其手段亦可谓狡黠了。先是前314年，齐国乘燕内乱攻破燕国。宋王偃称强东方，前286年，又为齐、楚、魏所灭。此举名为三国瓜分，实亦是以齐为主的，地亦多入于齐。齐湣王至此时，可谓臻于极盛。然过刚者必折。

孙武。

王翦。

孙膑。

田单。

吴起。

白起。

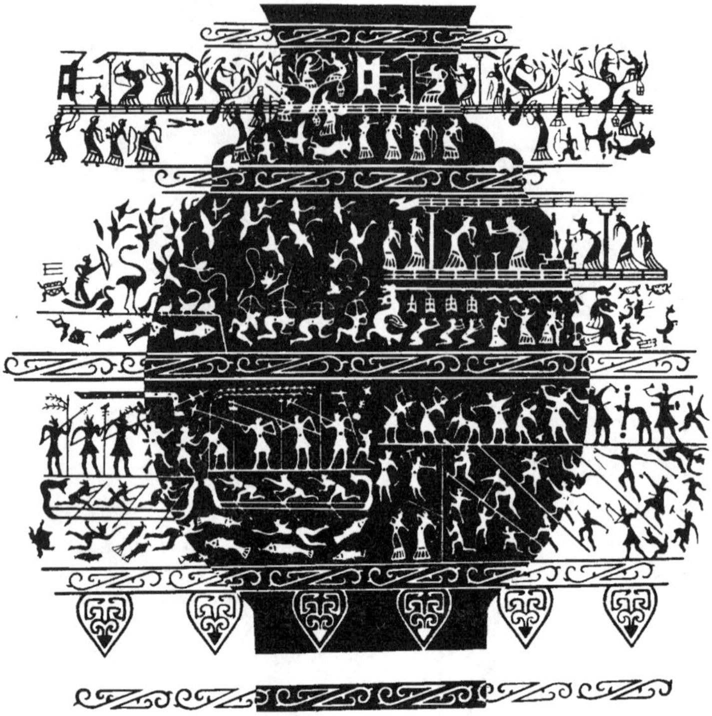

水陆攻占图。1935年在河南汲县出土的战国早期水陆攻占纹铜鉴，绘制的排浆战船已有甲板，甲板下为划桨手，甲板上为弓箭手，并无帆装。

前284年，燕昭王遂合诸侯，用乐毅为将，攻破齐国，湣王走死，齐仅存聊、莒、即墨三城（聊，今山东聊城县。莒，今山东莒县。即墨，今山东平度县）。后来虽借田单之力，得以复国，然已失其称霸东方的资格了。东方诸国中，赵武灵王颇有才略。他不与中原诸国争衡，而专心向边地开拓。先灭中山（今河北定县），又向今大同一带发展，意欲自此经河套之地去袭秦。前295年，又因内乱而死。七国遂惟秦独强。秦人遂对诸侯施其猛烈的攻击。前 279 年，秦白起伐楚，取鄢、邓、西陵。明年，遂破楚都郢，楚东北徙都陈，后又迁居寿春（鄢，即鄢陵。邓，今河南邓县。西陵，今湖北宜昌县。郢，今湖北江陵县西北。吴阖闾所入之郢，尚不在江陵，但其地不可考，至此时之郢，则必在江陵，今人钱穆、童书业说皆如此），直逃到今安徽境内了。对于韩、魏，亦时加攻击。前 260 年，秦兵伐韩，取野王，上党路决，降赵，秦大败赵兵于长平，坑降卒四十万（野王，今河南沁阳县。上党，今山西晋城县。长平，今山西长平县），遂取上党，北定太原。进围邯郸，为魏公子无忌合诸国之兵所败。前 256 年，周朝的末主赧王为秦所灭。前 249 年，又灭其所分封的东周君。前 246 年，秦始皇立。《史记 · 秦本纪》说，这时候，吕不韦为相国，招致宾客游士，欲以并天下。大概并吞之计，和吕不韦是很有关系的。后来吕不韦虽废死于蜀，然秦人仍守其政策不变。前 230 年，灭韩，前 228 年，灭赵。燕太子丹使荆轲刺秦王，不中，秦大发兵以攻燕。前 226 年，燕王喜夺辽东。前 225 年，秦人灭魏。前 223 年，灭楚。前 222 年，发兵攻辽东，灭燕。前 221 年，即以灭燕之兵南灭齐，而天下遂统一。

秦朝的统一，决不全是兵力的关系。我们须注意：此时交通的便利，列国内部的发达，小国的被夷灭，郡县的渐次设立，在政治上、经济上、文化上，本有趋于统一之势，而秦人特收其成功。秦人所以能收成功之利，则（一）它地处西垂，开化较晚，风气较为诚朴。（二）三晋地狭人稠，秦地广人稀，秦人因招致三晋之民，使之任耕，而使自己之民任战。（三）又能奉行法家的政策，裁抑贵族的势力，使能尽力于农战的人民，有一个邀赏的机会，该是其最重要的原因。

第六讲

古代对于异族的同化

中国民族，以同化力的伟大闻于天下，究竟我们对于异族的同化，是怎样一回事呢？说到这一点，就不能不着眼于中国的地理。亚洲的东部，在世界上，是自成其为一个文化区域的。这一个区域，以黄河、长江两流域为其文化的中心。其北为蒙古高原，便于游牧民族的住居。其南的粤江、闽江两流域，则地势崎岖，气候炎热，开化虽甚早，进步却较迟。黄河、长江两流域，也不是没有山地的，但其下流，则包括淮水流域（以古地理言之，则江、河之间，包括淮、济二水。今黄河下流，为古济水入海之道，黄河则在今天津入海），扩展为一大平原，地味腴沃，气候适宜，这便是中国民族的文化最初函毓之处。汉族，很早的就是个农耕民族，惯居于平地。其所遇见的民族，就其所居之地言之，可以分为两种：一种是住在山地的，古代称为"山戎"，多数似亦以农为业，但其农业不及中国的进步。一种是住在平地，大约是广大的草原上，而以畜牧为业的，古人称为“骑寇”。春秋以前，我族所遇的，以山戎为多，战国以后，才开始和骑寇接触。

夷、蛮、戎、狄，是按着方位分别之辞，并不能代表民族，但亦可见得一个大概。在古代，和中国民族争斗较烈的，似乎是戎狄。据《史记·五帝本纪》，黄帝就北逐獯鬻，未知确否（如《史记》此说是正确的，则当时的獯鬻，决不在后来的獯鬻所在之地）。到周朝初年，则和所谓獯鬻或称为猃狁，犬戎或称为昆夷、串夷的，争斗甚烈（“猃狁”亦作“玁狁”，“犬戎”亦作“畎戎”，“戎”又作“夷”。此“犬”或“畎”字乃译音，非贱视诋毁之辞，“昆夷”亦作“混夷”“绲夷”，“夷”亦可作“戎”，和“串夷”亦都是“犬”字的异译，说见《诗经·皇矣正义》），而后来周朝卒亡于犬戎。犬戎在今陕西的中部，甘肃的东部，泾、渭二水流域间，东周以后，大约逐渐为秦人所征服。在其东方的，《春秋》所载，初但称狄，后分为赤狄、白狄。白狄在今陕西境内，向东蔓延到中山。赤狄在今山西、河北境内，大部为晋所并（据《左传》和杜预《注》，赤狄种类凡六：曰东山皋落氏，在今山西昔阳县。曰廧咎如，在今山西乐平县。曰潞氏，在今山西潞城县。曰甲氏，在今河北鸡泽县。曰留吁，在今山西屯留县。曰铎辰，在今山西长治县。白狄种类凡三：曰鲜虞，即战国时的中山。曰肥，在今河北藁城县。曰鼓，在今河北晋县。又晋国吕相决秦，说“白狄及君同州”，则白狄亦有在陕西的）。在周朝的西面的，主要的是后世的氐、羌。氐人在今嘉陵江流域，即古所谓巴。羌人，汉时在今黄河、大通河流域（大通河，古湟水）。据《后汉书》所载，其初本在黄河之东，后来为秦人所攘斥，才逃到黄河以西去的。据《书经·牧誓》，羌人曾从武王伐纣。又《尚书大传》说：武王伐纣的兵，前歌后舞，《后汉书》说这就是汉时所谓巴氐的兵。这话大约是对的，因为汉世还有一种出于巴氐的巴渝舞，有事实为证。然则这两族，其初必不在今四川、甘肃境内，大约因汉族的开拓，而向西南方走去的。

和巴连称的蜀，则和后世的賨字是一音之转，亦即近世之所谓暹。据《牧誓》，亦曾从武王伐纣。战国时，还在今汉中之境，南跨成都。后因和巴人相攻，为秦国所并。

在东北方的民族，古称为貉。此族在后世，蔓衍于今朝鲜半岛之地，其文明程度是很高的。但《诗经》已说“王锡韩侯，其追其貉”（《韩奕》。追不可考），《周官》亦有貉隶，可见此族本在内地，箕子所封的朝鲜，决不在今朝鲜半岛境内，怕还在山海关以内呢！在后世，东北之族，还有肃慎，即今满洲人的祖宗。《左传》昭公九年，周朝人对晋国人说：“自武王克商以来，肃慎、燕、亳，吾北土也。”此“燕”当即南燕，“亳”疑即汤所居之鄗，则肃慎亦在内地，后乃随中国的拓展而东北徙。《国语·晋语》说：成王会诸侯于岐阳，楚与鲜卑守燎，则鲜卑本是南族，后来不知如何，也迁向东北了。据《后汉书》说：鲜卑和乌丸，都是东胡之后。此二族风俗极相像，其本系一个部落，毫无可疑。东胡的风俗，虽少可考，然汉代历史，传者已较详，汉人说它是乌丸、鲜卑所自出，其说该不至误。南族断发，鲜卑婚姻时尚先髡头，即其源出南族之证。然则东胡也是从内地迁徙出去的了。

在南方的有黎族，此即后世所谓俚。古称“三苗”为九黎之君，三苗系姜姓之国，九黎则系黎民（见《礼记·缁衣》《疏》引《书经·吕刑》郑《注》）。此即汉时之长沙武陵蛮，为南蛮的正宗。近世所云苗族，乃“蛮”字的转音，和古代的三苗之国无涉，有人将二者牵合为一，就错了。《史记》说三苗在江、淮、荆州（《史记·五帝本纪》），《战国·魏策》，吴起说三苗之国，在洞庭、彭蠡之间（《史记·吴起列传》同，又见《韩诗外传》）。则古代长江流域之地，主要的是为黎族所占据，楚国达到长江流域后，所开辟的，大约是这一族的居地。在沿海一带的，古称为越，亦作粤。此即现在的马来人，分布在亚洲大陆的沿岸，和南洋群岛，地理学上称为亚洲大陆的真沿边的。此族有断发文身和食人两种风俗，在后世犹然，古代沿海一带，亦到处有这风俗，可知其为同族。吴、越的初期，都是和此族杂居的。即淮水流域的淮夷、徐戎，山东半岛的莱夷，亦必和此族相杂（《礼记·王制》说：“东方曰夷，被发文身”，此“被”字为髲字之假借字，即断发，可见蛮夷之俗相同。《左传》僖公十九年，“宋公使邾文公用鄫子于次雎之社，欲以属东夷”，可见东夷亦有食人之俗。《续汉书·郡国志》：“临沂有丛亭。”《注》引《博物志》曰：“县东界次雎，有大丛社，民谓之食人社，即次雎之社。”临沂，今山东临沂县）。随着吴、越等国的进步，此族亦渐进于文明了。西南的大族为濮，此即现在的倮㑩。其居地，本在今河南、湖北两省间（《国语·郑语》韦《注》：濮为南阳之国）。楚国从河南的西南部，发展向今湖北省的西部，所开辟的，大约是此族的居地。此族又从今湖北的西南境，向贵州、云南分布。战国时，楚国的庄跻，循牂牁江而上，直达滇国（今云南昆明县），所经的，也是这一族之地。庄跻到滇国之后，楚国的巴、黔中郡（巴郡，今四川江北县。黔中郡，今湖南沅陵县），为秦国所夺，庄跻不能来，就在滇国做了一个王。其地虽未正式收入中国的版图，亦已戴汉人为君了，和现在西南土司，以汉人为酋长的一样了。

《礼记·王制》说：古代的疆域，“北不尽恒山”，此所谓恒山，当在今河北正定县附近，即汉朝恒山郡之地（后避文帝讳改常山）。自此以南的平地，为汉族所居，这一带山地，则山戎所处，必得把它开拓了，才会和北方骑寇相接，所以汉族和骑寇的接触，必在太原、中山和战国时北燕之地开辟以后。做这件事业的，就是燕、赵两国。赵武灵王开辟云中、雁门、代郡，燕国则开辟上谷、渔阳、右北平、辽西、辽东五郡（云中，今山西大同县。雁门，今山西右玉县。代郡，今山西代县。上谷，今察哈尔怀来县。渔阳，今河北密云县。右北平，今河北卢龙县。辽西，今河北抚宁县。辽东，今辽宁辽阳县），把现在热、察、绥、辽宁四省，一举而收入版图。

综观以上所述，汉族恃其文化之高，把附近的民族，逐渐同化，而汉族的疆域，亦即随之拓展。和汉族接近的民族，当汉族开拓时，自然也有散向四方，即汉族的版图以外去的，然亦多少带了些中原的文化以俱去，这又是中国的文化扩展的路径。这便是在古代中国同化异民族的真相。

第七讲

古代社会的综述

周和秦，是从前读史的人看作古今的界线的。我们任意翻阅旧书，总可见到“三代以上”“秦、汉以下”等辞句。前人的见解，固然不甚确实，也不会全属虚诬；而且既有这个见解，也总有一个来历。然则所谓三代以上，到底是怎样一个世界呢？

人，总是要维持其生命的；不但要维持生命，还要追求幸福，以扩大其生命的意义；这是人类的本性如此，无可怀疑。人类在生物史上，其互相团结，以谋生存，已不知其若干年了。所以其相亲相爱，看得他人的苦乐，和自己的苦乐一般；喜欢受到同类的嘉奖，而不愿意受到其批评；到人己利害不相容时，宁可牺牲自己，以保全他人；即古人之所谓仁心者，和其爱自己的心，一样的深刻。专指七尺之躯为我，或者专指一个极小的团体为我，实在是没有这回事的。人类为要维持生命，追求幸福，必得和自然斗争。和自然斗争，一个人的力量，自然是不够的，于是乎要合力；合力之道，必须分工，这都是自然的趋势。分工合力，自然是范围愈大，利益愈多，所以团体的范围，总是在日扩而大。但是人类的能力是有限的，在进行中，却不能不形成敌对的状态，这是为什么呢？皇古之世，因环境的限制，把人类分作许多小团体。在一个团体之中，个个人的利害，都是相同的，在团体以外却不然；又因物质的欲求，不能够都给足；团体和团体间就开始有争斗，有争斗就有胜败，有胜败就有征服者和被征服者之分。“人不可以害人的，害人的必自害。”这句话，看似迂腐，其实却是真理。你把迷信者流因果报应之说去解释这句话，自然是诬罔的，若肯博观事实，而平心推求其因果，那正见得其丝毫不爽。对内竞争和对外竞争，虽竞争的对象不同，其为竞争则一。既然把对物的争斗，移而用之于对人，自可将对外的争斗，移而用之于对内。一个团体之中，有征服者和被征服者之分，不必说了。即使无之，而当其争斗之时，基于分工的关系，自然有一部分人，专以战争为事，这一部分人，自将处于特殊的地位。前此团体之中，个个人利害相同的，至此则形成对立。前此公众的事情，是由公众决定的，至此，则当权的一个人或少数人，渐渐不容公众过问，渐渐要做违背公众利益的措置，公众自然不服，乃不得不用强力镇压，或者用手段对付。于是团体之中有了阶级，而形成现代的所谓国家。以上所述，是从政治上立论的。其变迁的根源，实由于团体和团体的互相争斗，而团体和团体的互相争斗，则由于有些团体，迫于环境，以掠夺为生产的手段。所以其真正的根源，还是在于经济上。经济的根柢是生产方法。在古代，主要的生业是农业，农业的生产方法，是由粗而趋于精，亦即由合而趋于分的，于是形成了井田制度，因而固定了五口、八口的小家族，使一个团体之中，再分为无数利害对立的小团体。从前在一个团体之内，利害即不再对立的氏族制度，因此而趋于崩溃了。氏族既已崩溃，则专门从事于制造，而以服务性质，无条件供给大众使用的工业制度，亦随之而崩溃。人，本来是非分工合力不能生存的，至此时，因生活程度的增高，其不能不互相倚赖愈甚，分配之法既废，交易之法乃起而代之，本行于团体与团体之间的商业，乃一变而行于团体之内人与人之间，使人人的利害，都处于对立的地位。于是乎人心大变。在从前，团体与团体之间，是互相嫉视的，在一个团体之内，是互视为一体的。至此时，团体之内，其互相嫉视日深。在团体与团体之间，却因生活的互相倚赖而往来日密，其互相了解的程度，即随之而日深，同情心亦即随之而扩大。又因其彼此互相仿效，以及受了外部的影响，而内部的组织，不得不随之而起变化，各地方的风俗亦日趋于统一。民族的同化作用，即缘此而进行。政治上的统一，不过是顺着这种趋势推进。再彻底些说，政治上的统一，只是在当时情况之下，完成统一的一个方法。并不是政治的本身，真有多大的力量。随着世运的进展，井田制度破坏了。连公用的山泽，亦为私人所占。工商业愈活跃，其剥削消费者愈深。在上的君主和贵族，亦因其日趋于腐败、奢侈，而其剥削人民愈甚。习久于战争就养成一种特别阶级，视战斗为壮快、征服为荣誉的心理，认为与其出汗，毋宁出血。此即孔子和其余的先秦诸子所身逢的乱世。追想前一个时期，列国之间，战争还不十分剧烈。一国之内，虽然已有阶级的对立，然前此利害共同时的旧组织，还有存留，而未至于破坏净尽。秩序还不算十分恶劣，人生其间的，也还不至于十分痛苦，好像带病延年的人，虽不能算健康，还可算一个准健康体，此即孔子所谓“小康”。再前一个时期，内部毫无矛盾，对外毫无竞争，则即所谓“大同”了。在大同之世，物质上的享受，或者远不如后来，然而人类最亲切的苦乐，其实不在于物质，而在于人与人间的关系，所以大同时代的境界，永存于人类记忆之中。不但孔子，即先秦诸子，亦无不如此（道家无论已，即最切实际的法家亦然。如《管子》亦将皇、帝、王、霸分别治法的高下；《史记·商君列传》亦载商君初说秦孝公以帝王之道，秦孝公不能用，乃说之以富国强兵之术都是）。这不是少数人的理想高尚，乃是受了大多数人的暗示而然的。人类生当此际，实应把其所以致此之由，彻底地加以检讨，明白其所以然之故，然后将现社会的组织，摧毁之而加以改造。这亦非古人所没有想到，先秦诸子，如儒、墨、道、法诸家，就同抱着这个志愿的，但其所主张的改革的方法，都不甚适合。道家空存想望，并没有具体实行的方案的，不必说了。墨家不讲平均分配，而专讲节制消费，也是不能行的。儒家希望恢复井田；法家希望制止大工商业的跋扈，把大事业收归官营，救济事业亦由国家办理，以制止富豪的重利盘剥，进步些了。然单讲平均地权，本不能解决社会的经济问题，兼讲节制资本，又苦于没有推行的机关。在政治上，因为民主政治，废坠得久了，诸家虽都以民为重，却想不出一个使人民参与政治的办法，而只希望在上者用温情主义来抚恤人民，尊重舆论，用督责手段，以制止臣下的虐民。在国与国之间，儒家则希望有一个明王出来，能够处理列国间的纷争，而监督其内政；法家因为兴起较后，渐抱统一的思想，然秦朝的统一，和贵族的被裁抑，都只是事势的迁流，并不能实行法家的理想，所以要自此再进一步，就没有办法了。在伦理上，诸家所希望的，同是使下级服从上级，臣民该服从君主，儿子要服从父亲，妇女要服从男子，少年该服从老人。他们以为上级和下级的人，各安其分，各尽其职，则天下自然太平，而不知道上级的人受不到制裁，决不会安其分而尽其职。总而言之：小康之世，所以向乱世发展，是有其深刻的原因的。世运只能向前进，要想改革，只能顺其前进的趋势而加以指导。先秦诸子中，只有法家最看得出社会前进的趋势，然其指导亦未能全然得法。他家则都是想把世运逆挽之，使其回到小康以前的时代的，所以都不能行。

虽然如此，人类生来是避苦求乐的，身受的苦痛，是不能使人不感觉的，既然感觉了，自然要求摆脱。求摆脱，总得有个办法，而人类凭空是想不出办法来的。世运只有日新，今天之后，只会有明天，而人所知道的，最新亦只是今日以前之事，于是乎想出来的办法，总不免失之于旧，这个在今日尚然，何况古代？最好的时代是过去了，但永存于人类想望记忆之中。虽回忆之，而并不知其真相如何，乃各以其所谓最好者当之。合众人的所谓最好者，而调和折中，造成一个大略为众所共认的偶像，此即昔人所谓三代以前的世界。这个三代以前的世界，其不合实际，自然是无待于言的。这似乎只是一个历史上的误解，无甚关系，然奉此开倒车的办法为偶像而思实践之，就不徒不能达到希望，而且还要引起纠纷。

第八讲

秦朝治天下的政策

秦始皇尽灭六国，事在公元前221年，自此至公元189年，董卓行废立，东方州郡，起兵讨卓，海内扰乱分裂，共四百年，称为中国的盛世。在这一时期之中，中国的历史，情形是怎样呢？“英雄造时势”，只是一句夸大的话。事实上，英雄之所以成为英雄，正因其能顺着时势，进行之故。“时势造英雄”这句话倒是真的，因为他能决定英雄的趋向。然则在这一个时期之内，时势的要求，是怎样呢？依我们所见到的，可以分为对内对外两方面：对内方面，在列国竞争之时，不能注全力于内治；即使注意到，亦只是局部的问题，而不能概括全体，只是一时的应付，而不能策划永久。统一之后，就不然了。阻碍之力既去，有志于治平的，就可以行其理想。对外方面，当时的人看中国，已经是天下的一大部分了。未入版图的地方，较强悍的部落，虑其为中国之患，该有一个对策；较弱小的，虽然不足为患，然亦是平天下的一个遗憾，先知先觉的中国人，在力所能及的范围内，亦有其应尽的责任。所以在当日，我们所需要的是：（一）对内建立一个久安长治的规模。（二）对外把力所能及的地方，都收入中国版图之内，其未能的，则确立起一条防线来。

秦始皇所行的，正顺着这种趋势。

在古代，阻碍平天下最大的力量，自然是列国的纷争。所以秦并吞六国之后，决计不再行封建，“父兄有天下，而子弟为匹夫”。郡的设立，本来是军事上控扼之点。六国新灭，遗民未曾心服，自然有在各地方设立据点的必要。所以秦灭六国，多以其地设郡。至六国尽灭之后，则更合全国的情形，加以调整，分天下为三十六郡。当时的郡守，就是一个不世袭的大国之君，自亦有防其专擅的必要。所以每郡又都派一个御史去监察他（当时还每郡都设立一个尉，但其权远在郡守之下，倒是不足重视的）。

要人民不能反抗，第一步办法，自然是解除其武装。好在当时，金属铸成的兵器，为数有限，正和今日的枪械一般，大略可以收尽的。于是收天下之兵，聚之咸阳（秦都咸阳，今陕西咸阳县），铸以为金人和锺、鐻。

最根本的，莫过于统一人民的心思了。原来古代社会，内部没有矛盾，在下者的意见，常和在上者一致，此即所谓“天下有道，则庶人不议”（《论语·季氏》）。后世阶级分化，内部的矛盾多了，有利于这方面的就不利于那方面。自然人民的意见，不能统一。处置之法，最好的，是使其利害相一致；次之则当求各方面的协调，使其都有发表意见的机会，此即今日社会主义和民主政治的原理。但当时的人，不知此理。他们不知道各方面的利害冲突了，所以有不同的见解，误以为许多方面，各有其不同的主张，以致人各有心，代表全国公益的在上者的政策，不能顺利进行。如此，自有统一全国人的心

秦始皇真像。出自明《三才图会》。

思的必要。所以在《管子·法禁》《韩非子·问辨》两篇中，早有焚书的主张。秦始皇及李斯就把它实行了。把关涉到社会、政治问题的“诗、书、百家语”都烧掉，只留下关系技术作用的医药、卜筮、种树之书。涉及社会、政治问题的，所许学的，只有当代的法令；有权教授的人，即是当时的官吏。若认为始皇、李斯此举，不合时代潮流，他们是百口无以自解的，若认为有背于古，则实在冤枉。他们所想回复的，正是古代“政教合一，官师不分”之旧。古代的情形是如此，清朝的章学诚是发挥得十分透彻的（坑儒一举，乃因有人诽谤始皇而起，意非欲尽灭儒生，并不能与焚书之事并论）。

以上是秦始皇对内的政策。至于对外，则北自阴山以南，南自五岭以南至海，秦始皇都认为应当收入版图。于是使蒙恬北逐匈奴，取河南之地（今之河套），把战国时秦、赵、燕三国北边的长城连接起来，东起现在朝鲜境内（秦长城起自乐浪郡遂城县，见《汉书·地理志》），西至现在甘肃的岷县，成立了一道新防线。南则略取现在广东、广西和越南之地，设立了桂林、南海、象三郡（大略桂林是今广西之地，南海是今广东之地，象郡是今越南之地）。取今福建之地，设立了闽中郡。楚国庄跻所开辟的地方，虽未曾正式收入版图，亦有一部分曾和秦朝交通，秦于其地置吏。

秦始皇，向来都说他是暴君，把他的好处一笔抹杀了，其实这是冤枉的。看以上所述，他的政治实在是抱有一种伟大的理想的。这亦非他一人所能为，大约是法家所定的政策，而他据以实行的。这只要看他用李斯为宰相，言听计从，焚诗书、废封建之议，都出于李斯而可知。政治是不能专凭理想，而要顾及实际的情形的，即不论实际的情形能行与否，亦还要顾到行之之手腕。秦始皇的政策虽好，行之却似过于急进。北筑长城，南收两越，除当时的征战外，还要发兵戍守；既然有兵戍守，就得运粮饷去供给；这样，人民业已不堪赋役的负担。他还沿着战国以前的旧习惯，虐民以自奉：造阿房宫，在骊山起坟茔（骊山，在今陕西临潼县），都穷极奢侈；还要到处去巡游。统一虽然是势所必至，然而人的见解，总是落后的，在当时的人，怕并不认为合理之举，甚而至于认为反常之态。况且不必论理，六国夷灭，总有一班失其地位的人，心上是不服的，满怀着报仇的愤恨，和复旧的希望；加以大多数人民的困于无告而易于煽动，一有机会，就要乘机而起了。

第九讲

秦汉间封建政体的反动

秦始皇帝以前210年，东巡死于沙丘（今河北邢台县）。他大的儿子，名唤扶苏，先已谪罚到上郡去（今陕西绥德县），做蒙恬军队中的监军了。从前政治上的惯例，太子是不出京城，不做军队中的事务的，苟其如此，就是表示不拟立他的意思。所以秦始皇的不立扶苏，是预定了的。《史记》说秦始皇的少子胡亥，宠幸宦者赵高，始皇死后，赵高替胡亥运动李斯，假造诏书，杀掉扶苏、蒙恬而立胡亥，这话是不足信的（《史记·李斯列传》所载的全是当时的传说，并非事实。秦汉间的史实，如此者甚多）。胡亥既立，是为二世皇帝。他诛戮群公子，又杀掉蒙恬的兄弟蒙毅。最后，连劳苦功高、资格很老的李斯都被杀掉。于是秦朝的政府，失其重心，再不能钳制天下了。皇帝的家庭之中，明争暗斗，向来是很多的，而于继承之际为尤甚。这个并不起于秦朝，但在天下统一之后，皇室所管辖的地方大了，因其内部有问题而牵动大局，使人民皆受其祸，其所牵涉的范围，也就更广大了。秦始皇之死，距其尽灭六国，不过十二年，而此祸遂作。

秦始皇死的明年，戍卒陈胜、吴广起兵于蕲（今安徽宿县），北取陈。胜自立为王，号张楚。分兵四出徇地，郡县多杀其守令以应。六国之后，遂乘机并起。秦朝政治虽乱，兵力尚强；诸侯之兵，多是乌合之众；加以心力不齐，不肯互相救援；所以秦将章邯，倒也所向无敌。先镇压了陈胜、吴广，又打死了新立的魏王。战国时楚国的名将，即最后支持楚国而战死的项燕的儿子项梁，和其兄子项籍，起兵于吴，引兵渡江而西（今江苏之江南，古称江东。古所谓“江南”，指今之湖南）。以居巢人范增的游说，立楚怀王的后裔于盱眙（居巢，今安徽巢县。盱眙，今安徽盱眙县），仍称为楚怀王（以祖谥为生号）。项梁引兵而北，兵锋颇锐，连战皆胜，后亦为章邯所袭杀。章邯以为楚地兵不足忧，乃北围赵王于巨鹿（今河北平乡县）。北强南弱，乃是东晋以后逐渐转变成功的形势。自此以前，都是北方的军队，以节制胜，南方的军队，以剽悍胜的。尤其是吴、越之士，《汉书·地理志》上，还称其“轻死好用剑”。项梁既死，楚怀王分遣项籍北救赵，起兵于沛的刘邦即汉高祖西入关（沛，今江苏沛县）。项籍大破秦兵于巨鹿。汉高祖亦自武关而入。此时二世和赵高，不知如何又翻了脸，赵高弑二世，立其兄子婴，婴又刺杀高，正当纷乱之际，汉高祖的兵已到霸上（在今陕西长安县东），子婴只得投降，秦朝就此灭亡。此事在前206年。

既称秦之灭六国为无道，斥为强虎狼，灭秦之后，自无一人专据称尊之理，自然要分封。但是分封之权，出于何人呢？读史的人，都以为是项籍。这是错了的。项籍纵使在实际上有支配之权，形式上决不能专断，况且实际上也未必能全由项籍一个人支配。项籍既破章邯之后，亦引兵西入关。汉高祖先已入关了，即遣将守关。项羽怒，把他攻破。进兵至鸿门（在今陕西临潼县），

汉高祖真像。

和高祖几乎开战。幸而有人居间调解，汉高祖自己去见项籍，解释了一番，战事得以未成。此时即议定了分封之事。这一件事，《史记》的《自序》称为“诸侯之相王”，可见形式上是取决于公议的。其所封的：为（一）六国之后，（二）亡秦有功之人，（三）而楚怀王则以空名尊为义帝，（四）实权则在称为西楚霸王的项籍（都彭城，当时称其地为西楚。江陵为南楚，吴为东楚）。这是摹仿东周以后，天子仅拥虚名，而实权在于霸主的。分封的办法，我们看《史记》所载，并不能说它不公平。汉朝人说：楚怀王遣诸将入关时，与之约：先入关者王之，所以汉高祖当王关中，项籍把他改封在巴、蜀、汉中为背约。姑无论这话的真假，即使是真的，楚怀王的命令，安能约束楚国以外的人呢？这且不必论它。前文业经说过：人的思想，总是落后的，观于秦、汉之间而益信。封建政体，既已不能维持，于是分封甫定，而叛乱即起于东方。项籍因为是霸王，有征讨的责任，用兵于齐。汉高祖乘机北定关中。又出关，合诸侯之兵，攻破彭城。项籍虽然还兵把他打败，然汉高祖坚守荥阳、成皋（荥阳，今河南荥泽县。成皋，今河南汜水县），得萧何镇守关中，继续供给兵员和粮饷。遣韩信渡河，北定赵、代，东破齐。彭越又直接扰乱项籍的后方。至前202年，项籍遂因兵少食尽，为汉所灭。从秦亡至此，不过五年。

事实上，天下又已趋于统一了。然而当时的人，怕不是这样看法。当楚、汉相持之时，有一策士，名唤蒯彻，曾劝韩信以三分天下之计。汉高祖最后攻击项籍时，和韩信、彭越相约合力，而信、越的兵都不会，到后来，约定把齐地尽给韩信，梁地尽给彭越，二人才都引兵而来，这不是以君的资格分封其臣，乃是以对等的资格立分地之约。所以汉高祖的灭楚，以实在情形论，与其说是汉灭楚，毋宁说是许多诸侯，亦即许多支新崛起的军队，联合以灭楚，汉高祖不过是联军中的首领罢了。楚既灭，这联军中的首领，自然有享受一个较众为尊的名号的资格，于是共尊汉高祖为皇帝。然虽有此称号，在实际上，未必含有沿袭秦朝皇帝职权的意义。做了皇帝之后，就可以任意诛灭废置诸王侯，怕是当时的人所不能想象的，这是韩信等在当时所以肯尊汉高祖为皇帝之故。不然，怕就没有这么容易了。汉初异姓之王，有楚王韩信、梁王彭越、赵王张敖、韩王信、淮南王英布、燕王臧荼、长沙王吴芮。这都是事实上先已存在，不得不封的，并非是皇帝的意思所设置。汉高祖灭楚之后，即从娄敬、张良之说，西都关中，当时的理由，是关中地势险固，且面积较大，资源丰富，易于据守及用以临制诸侯，可见他原只想做列国中最强的一国。但是事势所趋，人自然会做出不被思想所拘束的事情来的。不数年间，而韩信、彭越，都以汉朝的诡谋被灭。张敖以罪见废。韩王信、英布、臧荼，都以反而败。臧荼之后，立了一个卢绾，是汉高祖生平第一个亲信人，亦因被谗而亡入匈奴。到前195年汉高祖死时，只剩得一个地小而且偏僻的长沙国了。天下至此，才真正可以算是姓刘的天下。其成功之速，可以说和汉高祖的灭楚，同是一个奇迹。这亦并不是汉高祖所能为，不过封建政体，到这时候业已自趋于没落罢了。

以一个政府之力统治全国，秦始皇是有此魄力的，或亦可以说是有此公心，替天下废除封建，汉高祖却无有了。既猜忌异姓，就要大封同姓以自辅，于是随着异姓诸侯的灭亡，而同姓诸国次第建立。其中尤以高祖的长子齐王肥，封地既大，人民又多，且居东方形胜之地，为当时所重视（又有淮南王长，燕王建，赵王如意，梁王恢，代王恒，淮阳王友，皆高帝子。楚王交，高帝弟。吴王濞，高帝兄子）。宗法社会中，所信任的，不是同姓，便是外戚。汉初功臣韩信、彭越等，不过因其封地大，所以特别被猜忌，其余无封地，或者仅有小封土的，亦安能“与官同心”？汉高祖东征西讨，频年在外，中央政府所委任的，却是何人呢？幸而他的皇后吕氏是很有能力的。她的母家，大约亦是当时所谓豪杰之流；她的哥哥吕泽和吕释之，都跟随高祖带兵；妹

汉文帝。

汉景帝。

夫樊哙，尤其是功臣中的佼佼者；所以在当时，亦自成为一种势力。高祖频年在外，京城里的事情，把持着的便是她，这只要看韩信、彭越都死在她手里，便可知道。所以高祖死后，嗣子惠帝，虽然懦弱，倒也安安稳稳地做了七年皇帝。惠帝死后，嗣子少帝，又做了四年。不知何故，为吕后所废而立其弟（吕后女鲁元公主，下嫁张敖，敖女为惠帝后。《史记》说她无子，佯为有身，取美人子，杀其母，名为己子。惠帝崩，立，既长，闻其事，口出怨言，为吕后所废。此非事实。张皇后之立，据《汉书》本纪，事在惠帝四年十月，至少帝四年仅七年，少帝至多不过七岁，安有知怨吕后之理）。吕后临朝称制。又四年而死。吕后活着的时候，虽然封了几个母家的人为王，却都没有到国。吕后，其实并无推翻刘氏、重用吕氏的意思，所任用的，还是汉初的几个功臣，这班人究竟未免有些可怕，所以临死的时候，吩咐带北军的吕禄、南军的吕产（禄，释之之子。产，泽子），“据兵卫宫”，不要出去送丧，以防有人在京城里乘虚作乱。此时齐王肥已经死了，子襄继为齐王。其弟朱虚侯章在京城里，暗中派人去叫他起兵。汉朝派功臣灌婴去打他。灌婴到荥阳，和齐王连和，于是前敌形成了僵局。

项羽。

范增。

曹参。

韩信。

萧何。

樊哙。

丞相陈平、太尉周勃等，乃派人运动吕禄，交出兵权。吕禄犹豫未决，周勃用诈术突入北军，运动军人，反对吕氏。把吕禄、吕产和其余吕氏的人都杀掉。于是阴谋说惠帝的儿子都不是惠帝所生的，就高帝现存的儿子中，择其最长的，迎立了代王恒，是为文帝。齐王一支人，自然是不服的。文帝乃运用手腕，即分齐地，封朱虚侯为城阳王，朱虚侯之弟东牟侯兴居为济北王（城阳治莒，今山东莒县。济北治卢，今山东长清县）。城阳王不久就死了。济北王以反被诛。汉初宗室、外戚、功臣的三角斗争，至此才告结束。

当时的功臣，所以不敢推翻刘氏，和汉朝同姓分封之多，确实是有关系的，所以封建不能说没有一时之用。然而异姓功臣都灭亡后，所患的，却又在于同姓了。要铲除同姓诸侯尾大不掉之患，自不外乎贾谊“众建诸侯而少其力”一语。这话，当文帝时，其实是已经实行了的，齐王襄传子则，则死后没有儿子，文帝就把他的地方，分为齐、济北、济南、菑川、胶西、胶东六国（济南治东平陵，今山东历城县。菑川治剧，今山东寿光县。胶西治高苑，今山东桓台县。胶东治即墨，今山东即墨县），立了齐王肥的庶子六人。又把淮南之地，分成三国。但吴、楚仍是大国，吴王濞尤积有反心。晁错力劝文帝以法绳诸侯，文帝是个因循的人，没有能彻底实行。前 157 年，文帝死，子景帝立。晁错做了御史大夫，即实行其所主张。前 154 年，吴王联合楚、赵、胶西、胶东、菑川、济南造反，声势很盛。幸而吴王不懂得兵谋，“屯聚而西，无他奇道”，为周亚夫所败。于是景帝改定制度，诸侯王不得治民，令相代治其国。到武帝，又用主父偃之计，令诸侯得以其地，分封自己的子弟，在平和的手腕中，把“众建诸侯而少其力”一语，彻底实行了。封建政体反动的余波，至此才算解决。从秦二世元年六国复立起，到吴、楚之乱平定，共五十六年。

第十讲

汉武帝的内政外交

在第八讲里所提出的对内对外两个问题，乃是统一以后自然存在着的问题，前文业经说明了。这个问题，自前206年秦灭汉兴，至前141年景帝之死，共六十六年，久被搁置着不提了。这是因为高帝、吕后时，忙于应付异姓功臣，文帝、景帝时，又存在着一个同姓诸王的问题；高帝本是无赖子，文、景二帝亦只是个寻常人，凡事都只会蹈常习故之故。当这时候，天下新离兵革之患，再没有像战国以前年年打仗的事情了。郡县长官，比起世袭的诸侯来，自然权力要小了许多，不敢虐民。诸侯王虽有荒淫昏暴的，比之战国以前，自然也差得远了。这时候的中央政府，又一事不办，和秦始皇的多所作为，要加重人民负担的，大不相同。在私有财产制度之下，人人都急于自谋，你只要不去扰累他，他自然会休养生息，日臻富厚。所以据《史记·平准书》说：在武帝的初年，海内是很为富庶的。但是如此就算了么？须知社会，并不是有了钱就没有问题的。况且当时所谓有钱，只是总算起来，富力有所增加，并不是人人都有饭吃，富的人富了，穷的人还是一样的穷，而且因贫富相形，使人心更感觉不平，感觉不足。而对外的问题，时势亦逼着我们不能闭关自守。汉武帝并不是真有什么本领的人，但是他的志愿，却较文、景二帝为大，不肯蹈常习故、一事不办，于是久经搁置的问题，又要重被提起了。

当时对内的问题，因海内已无反侧，用不到像秦始皇一般，注意于镇压，而可以谋一个长治久安之策。这个问题，在当时的人看起来，重要的有两方面：一个是生计，一个是教化，这是理论上当然的结果。衣食足而知荣辱，生计问题，自然在教化之先；而要解决生计问题，又不过平均地权、节制资本两途，这亦是理论上当然的结果。最能解决这两个问题的，是哪一家的学术呢？那么，言平均地权和教化者，莫如儒家，言节制资本者，莫如法家。汉武帝，大家称他是崇儒的人，其实他并不是真懂得儒家之道的。他所以崇儒，大约因为他的性质是夸大的，要做些表面上的事情，如改正朔、易服色等，而此等事情，只有儒家最为擅长之故。所以当时一个真正的儒家董仲舒，提出了限民名田的主张，他并不能行。他的功绩，最大的，只是替《五经》博士置弟子，设科射策，劝以官禄，使儒家之学，得国家的提倡而地位提高。但是照儒家之学，生计问题，本在教化问题之先；即以教化问题而论，地方上的庠序，亦重于京城里的大学，这只要看《汉书·礼志》上的议论，便可以知道。武帝当日，对于庠序，亦未能注意，即因其专做表面上的事情之故。至于法家，他用到了一个桑弘羊，行了些榷盐铁、酒酤、均输等政策。据《盐铁论》看来，桑弘羊是确有节制资本之意，并非专为筹款的。但是节制资本而借官僚以行之，很难望其有利无弊，所以其结果，只达到了筹款的目的，节制资本，则徒成虚语，且因行政的腐败，转不免有使人民受累的地方。其余急不暇择的筹款方法，如算缗钱、舟车、令民生子三岁即出口钱，及令民入羊为郎、入谷补官等，

张骞出使西域。初唐时期敦煌壁画。

更不必说了。因所行不顺民心，不得不用严切的手段，乃招致张汤、赵禹等，立了许多严切的法令，以压迫人民。秦以来的狱吏，本来是偏于残酷的，加以此等法律，其遗害自然更深了。他用此等方法，搜括了许多钱来，做些什么事呢？除对外的武功，有一部分，可以算是替国家开拓疆土、防御外患外，其余如封禅、巡幸、信用方士、大营宫室等，可以说全部是浪费。山东是当时诛求剥削的中心，以致末年民愁盗起，几至酿成大乱。

武帝对外的武功，却是怎样呢？当时还威胁着中国边境的，自然还是匈奴。此外秦朝所开辟的桂林、南海、象三郡和闽中郡，秦末汉初，又已分离为南越、闽越、东瓯三国了。现在的西康、云、贵和四川、甘肃的边境，即汉人所谓西南夷，则秦时尚未正式开辟。东北境，虽然自战国以来，燕国人业已开辟了辽东，当时的辽东，且到现在朝鲜境内（汉初守燕国的旧疆，以浿水为界，则秦界尚在浿水以西。浿水，今大同江），然汉族的移殖，还不以此为限，自可更向外开拓。而从甘肃向西北入新疆，向西南到青海，也正随着国力的扩张，而可有互相交通之势。在这种情势之下，推动雄才大略之主，向外开拓的，有两种动机：其一，可说是代表国家和民族向外拓展的趋势，又其一则为君主个人的野心。匈奴，自秦末乘中国内乱、戍边者皆去，复入居河南。汉初，其雄主冒顿，把今蒙古东部的东胡，甘肃西北境的月氏，都征服了。到汉文帝时，他又征服了西域，西域，即今新疆之地（“西域”二字，义有广狭。《汉书·西域传》说西域之地，“南北有大山，中央有河，东则接汉，阸以玉门、阳关，西则限以葱岭”。北方的大山，即今天山，南方的大山，即沙漠以南的山脉，略为新疆与西藏之界。河系今塔里木河。玉门、阳关，都在今甘肃敦煌县西。此乃今天山南路之地。其后自此西出，凡交通所及之地，亦概称为西域，则其界限并无一定，就连欧洲也都包括在内）。汉时分为三十六国（后分至五十余）。其种有塞，有氐羌。塞人属于高加索种，都是居国，其文明程度，远在

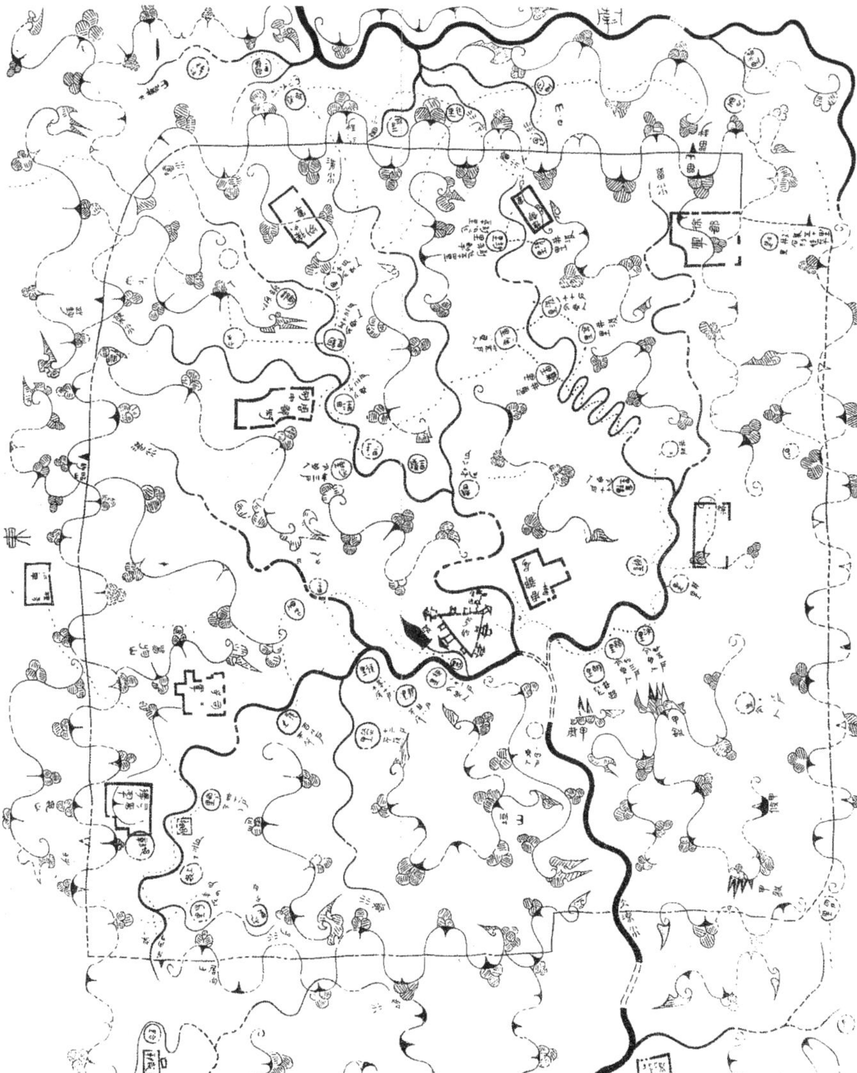

马王堆三号汉墓出土驻军图复原图。

卫青。

霍去病。

李广（清人绘）。

匈奴、氐、羌等游牧民族之上。匈奴设官以收其赋税。汉高祖曾出兵征伐匈奴，被围于平城（今山西大同县），七日乃解。此时中国初定，对内的问题还多，不能对外用兵，乃用娄敬之策，名家人子为长公主，嫁给冒顿，同他讲和，是为中国以公主下嫁外国君主结和亲之始。文、景两代，匈奴时有叛服，文、景不过发兵防之而已，并没建立一定的对策。到武帝，才大出兵以征匈奴，前127年，恢复河南之地，匈奴自此移于漠北。前119年，又派卫青、霍去病决漠攻击，匈奴损折颇多。此外较小的战斗，还有多次，兵事连亘，前后共二十余年，匈奴因此又渐移向西北。汉武帝的用兵，是很不得法的，他不用功臣宿将，而专用卫青、霍去病等椒房之亲。纪律既不严明，对于军需，又不爱惜，以致士卒死伤很多，物质亦极浪费（如霍去病，《史记》称其少而侍中，贵不省士。其用兵，“既还，重车余弃粱肉，而士有饥者。在塞外，卒乏粮，或不能自振，而去病尚穿域蹋鞠，事多类此。”卫青、霍去病大出塞的一役，汉马死者至十余万匹，从此以马少则不能大举兵事。李广利再征大宛时，兵出敦煌的六万人，私人自愿从军的，还不在其内，马三万匹，回来时，

董仲舒。

张骞题跋像。

进玉门关的只有一万多人，马一千多匹。史家说这一次并不乏食，战死的也不多，所以死亡如此，全由将吏不爱士卒之故。可见用人不守成法之害）。只因中国和匈奴，国力相去悬决，所以终能得到胜利。然此乃国力的胜利，并非战略的胜利。至于其通西域，则更是动于侈心。他的初意，是听说月氏为匈奴所破，逃到今阿母河滨，要想报匈奴的仇，苦于无人和他合力，乃派张骞出使。张骞回来后，知道月氏已得沃土，无报仇之心，其目的已不能达到了。但武帝因此而知西域的广大，以为招致了他们来朝贡，实为自古所未有，于是动于侈心，要想招致西域各国。张骞在大夏时，看见邛竹杖、蜀布，问他从哪里来的？他们说从身毒买来（今印度）。于是臆想，从四川、云南，可通西域。派人前去寻求道路，都不能通（当时蜀物入印度，所走的路，当系今自四川经西康、云南入缅甸的路。自西南夷求通西域的使者，“传闻其西可千余里，有乘象国，名曰滇越，而蜀贾奸出物者或至焉”，即当今缅甸之地）。后来匈奴的浑邪王降汉，今甘肃西北部之地，收入中国版图，通西域的路，才正式开通。前 104 年，李广利伐大宛（大宛都贵山城，乃今之霍阐），不克。武帝又续发大兵，前 101 年，到底把它打下。

大宛是离中国很远的国。西域诸国，因此慑于中国兵威，相率来朝。还有一个乌孙，也是游牧民族，当月氏在甘肃西北境时，乌孙为其所破，依匈奴以居。月氏为匈奴所破，是先逃到伊犁河流域的。乌孙借匈奴的助力，把它打败，月氏才逃到阿母河流域，乌孙即占据伊犁之地。浑邪王降汉时，汉朝尚无意开其地为郡县，张骞建议，招乌孙来居之。乌孙不肯来，而匈奴因其和中国交通，颇责怪它。乌孙恐惧，愿“婿汉氏以自亲”。于是汉朝把一个宗室女儿嫁给它。从此以后，乌孙和匈奴之间有问题，汉朝就不能置之不问，《汉书·西域传》说“汉用忧劳无宁岁”，很有怨怼的意思。按西域都是些小国，汉攻匈奴，并不能得它的助力，而因此劳费殊甚，所以当时人的议论，大都是反对的。但是史事复杂，利害很难就一时一地之事论断。（一）西域是西洋文明传布之地。西洋文明的中心古希腊、罗马等，距离中国很远，在古代只有海道的交通，交流不甚密切，西域则与中国陆地相接，自近代西力东渐以前，中西的文明，实在是恃此而交流的。（二）而且西域之地，设或为游牧民族所据，亦将成为中国之患，汉通西域之后，对于天山南北路，就有相当的防备，后来匈奴败亡后，未能侵入，这也未始非中国之福。所以汉通西域，不是没有益处的。但这只是史事自然的推迁，并非当时所能豫烛。

当时的朝鲜：汉初燕人卫满走出塞，把箕子之后袭灭了，自王朝鲜。传子至孙，于前108年，为汉武帝所灭。将其地设置乐浪、临屯、真番、玄菟四郡（乐浪，今朝鲜平安南道及黄海、京畿两道之地。临屯为江原道地。玄菟为咸镜南道。真番跨鸭绿江上流。至前82年，罢真番、临屯，以并乐浪、玄菟）。朝鲜半岛的主要民族是貉族，自古即渐染汉族的文化，经此长时期的保育，其汉化的程度愈深，且因此而输入半岛南部的三韩（马韩，今忠清、全罗两道。弁韩、辰韩，今庆尚道）和海东的日本，实为中国文化在亚洲东北部最大的根据地。南方的东瓯，因为闽越所攻击，前138年，徙居江、淮间。南越和闽越，均于前 111 年，为中国所灭。当时的西南夷：在今金沙江和黔江流域的，是夜郎、滇、邛都，在岷江和嘉陵江上源的，是徙、筰都、冉駹、白马。在今横断山脉和澜沧、金沙两江间的，是巂昆明（夜郎，今贵州桐梓县。滇，今云南昆明县。邛都，今西康西昌县。徙，今四川天全县。筰都，今西康汉源县。冉駹，今四川茂县。白马，今甘肃成县。巂昆明，在今昆明、大理之间，乃行国）。两越既平，亦即开辟为郡县，确立了中国西南部的疆域。今青海首府附近，即汉人称为河湟之地的，为羌人所据。这一支羌人，系属游牧民族，颇为中国之患。前 112 年，汉武帝把它打破，设护羌校尉管理它，开辟了今青海的东境。

第十一讲

前汉的衰亡

汉武帝死后，汉朝是经过一次政变的，这件事情的真相，未曾有传于后。武帝因迷信之故，方士神巫，多聚集京师，至其末年，遂有巫蛊之祸，皇后自杀。太子据发兵，把诬陷他和皇后的江充杀掉。武帝认为造反，亦发兵剿办。太子兵败出亡，后被发觉，自缢而死。当太子死时，武帝儿子存在的，还有燕王旦、广陵王胥、昌邑王髆，武帝迄未再立太子。前 87 年，武帝死，立赵婕妤所生幼子弗陵，是为昭帝。霍光、上官桀、桑弘羊、金日磾同受遗诏辅政。赵婕妤先以谴死。褚先生《补外戚世家》说：是武帝怕身死之后，嗣君年少，母后专权，先行把她除去的。《汉书 · 霍光传》又说：武帝看中了霍光，使画工画了一幅周公负成王朝诸侯的图赏给他。武帝临死时，霍光问当立谁？武帝说："立少子，君行周公之事。"这话全出捏造。武帝生平溺于女色；他大约是个多血质的人，一生行事，全凭一时感情冲动，安能有深谋

前汉昭帝刘弗陵图。选自唐代画家阎立本所作《历代帝王图》。图上无作者名款，但长期以来均认为是阎立本所画。现藏美国波士顿美术馆。

远虑，预割嬖爱？霍光乃左右近习之流，仅可以供驱使。上官桀是养马的。金日磾系匈奴休屠王之子，休屠王与浑邪王同守西边，因不肯降汉，为浑邪王所杀，乃系一个外国人，与中国又有杀父之仇。朝臣中即使无人，安得托孤于这几个人？当他们三个人以武帝遗诏封侯时，有一个侍卫，名唤王莽，他的儿子唤作王忽，扬言道：皇帝病时，我常在左右，哪里有这道诏书？霍光闻之，切责王莽，王莽只得把王忽杀掉。然则昭帝之立，究竟是怎样一回事，就可想而知了。昭帝既立，燕王谋反，不成而死。桑弘羊、上官桀都以同谋被杀。霍光的女儿，是上官桀的儿媳妇，其女即昭帝的皇后。上官桀大约因是霍光的亲戚而被引用，又因争权而翻脸的，殊不足论，桑弘羊却可惜了（金日磾于昭帝元年即死，故不与此次政变）。前 74 年，昭帝死，无子。霍光迎立昌邑王的儿子贺，旋又为光所废，而迎太子据之孙病已于民间，是为宣帝。昌邑王之废，表面上是无道，然当昌邑群臣二百余人被杀时，在市中号呼道“当断不断，反受其乱”，则昌邑王因何被废，又可想而知了。太子据败时，妻妾子女悉被害，只有一个宣帝系狱，此事在前 91 年。到前 87 年，即武帝死的一年，据说，有望气者说：“长安狱中有天子气。”武帝就派使者，“分条中都官狱系者，轻重皆杀之。”幸而有个丙吉，“拒闭使者”，宣帝才得保全，因而遇赦。按太子死后，武帝不久即自悔。凡和杀太子有关的人，都遭诛戮。太子系闭门自缢，脚蹋开门和解去他自缢的绳索的人都封侯。上书讼太子冤的田千秋，无德无能，竟用为丞相。武帝的举动如此，宣帝安得系狱五年不释？把各监狱中的罪人，不问罪名轻重，尽行杀掉，在中国历史上，是从来没有这回事的，这是和中国，至少是有史以来的中国的文化不相容的，武帝再老病昏乱些，也发不出这道命令。如其发出了，拒绝不肯执行的，又岂止一个丙吉？然则宣帝是否武帝的曾孙，又很有可疑了。今即舍此勿论，而昌邑王以有在国时的群臣，为其谋主，当断不断而败，宣帝起自民间，这一层自然无足为虑，这怕总是霍光所以迎立他的真原因了罢。宣帝即立，自然委政于光，立六年而光死，事权仍在霍氏手里。宣帝不动声色地，逐渐把他们的权柄夺去，任用自己的亲信。至前 66 年，而霍氏被诛灭。

霍光的事情，真相如此。因为汉时史料缺乏，后人遂认为他的废立是出于公心的，把他和向来崇拜的偶像伊尹联系在一起，称为伊、霍，史家的易欺，真堪惊叹了。当时朝廷之上，虽有这种争斗，影响却未及于民间。武帝在时，内行奢侈，外事四夷，实已民不堪命。霍光秉政，颇能轻徭薄赋，与民休息。宣帝起自民间，又能留意于吏治和刑狱。所以昭、宣二帝之世，即自前 86 至前 49 年凡三十八年之间，政治反较武帝时为清明，其时汉朝对于西域的声威，益形振起。前 60 年，设立西域都护，兼管南北两道。匈奴内乱，五单于并立，后并于呼韩邪。又有一个郅支单于，把呼韩邪打败。前 51 年，呼韩邪入朝于汉。郅支因汉拥护呼韩邪，遁走西域。前 49 年，宣帝崩，子元帝立。前 36 年，西域副都护陈汤矫诏发诸国兵袭杀郅支。汉朝国威之盛，至此亦达于极点。然有一事，系汉朝政治败坏的根源，其端实开自霍光秉政之时的，那便是宰相之权，移于尚书。汉朝的宰相，是颇有实权的。全国的政治，都以相府为总汇，皇帝的秘书御史，不过是他的助手，尚书乃皇帝手下的管卷，更其说不着了。自霍光秉政，自领尚书，宰相都用年老无气和自己的私人，政事悉由宫中而出，遂不能有正色立朝之臣。宣帝虽诛灭霍氏，于此却未能矫正。宦者弘恭、石显，当宣、元之世，相继在内用事。元帝时，士大夫如萧望之、刘向等，竭力和他们争斗，终不能胜。朝无重臣，遂至嬖倖得干相位，外戚得移朝祚，西汉的灭亡，相权的丧失，实在是一个重要的原因。而且其事不但关涉汉朝，历代的政治，实都受其影响。

元帝以前 33 年死，子成帝立。成帝是个荒淫无度的人，喜欢了一个歌者赵飞燕，立为皇后，又立其女弟合德为婕妤。性又优柔寡断，事权遂入于外家王氏之手。前 7 年，成帝崩，哀帝立，颇想效法武、宣，振起威权。然宠

这幅出土于洛阳朱村东汉墓中的壁画，描绘了东汉时代贵族宴饮的生活场景。画面左侧，墓主人高冕宽袍坐于华帐之中，神情矜持。面前桌几之上，摆满杯盏碗碟。旁立两位侍从，一人恭卑而立，一人手持羽扇，正为主人扇风纳凉。

爱嬖人董贤，用为宰相，朝政愈乱。此时王氏虽一时退避，然其势力仍在。哀帝任用其外家丁氏、祖母族傅氏，其中却并无人才，实力远非王氏之敌。前1年，哀帝崩，无子，王莽乘机复出，迎立平帝。诛灭丁、傅、董贤，旋弑平帝而立孺子婴（哀、平二帝皆元帝孙，孺子为宣帝曾孙）。王莽从居摄改称假皇帝，又从假皇帝变作真皇帝，改国号为新，而前汉遂亡。此事在公元9年。

第十二讲

新室的兴亡

前后汉之间，是中国历史的一个转变。在前汉之世，政治家的眼光，看了天下，认为不该就这么苟安下去的。后世的政治家，奉为金科玉律的思想，所谓“治天下不如安天下，安天下不如与天下安”，是这时候的人所没有的。他们看了社会，还是可用人力控制的，一切不合理的事，都该用人力去改变，此即所谓“拨乱世，反之正”。出来负这个责任的，当然是贤明的君主和一班贤明的政治家。当汉昭帝时，有一个儒者，唤作眭弘，因灾异，使其朋友上书，劝汉帝“求索贤人，禅以帝位，而退自封百里”。宣帝时，有个盖宽饶，上封事亦说：“五帝官天下，三王家天下，家以传子，官以传贤，四序之运，成功者退，不得其人，则不居其位。”这两个人，虽然都得罪而死，但眭弘，大约因霍光专政，怕人疑心他要篡位，所以牺牲了他，以资辩白的。况且霍光是个不学无术的人，根本不懂得什么改革大计。盖宽饶则因其刚直之性，既触犯君主，又为有权势的人所忌，以致遭祸，都不是反对这种理论，视为大逆不道。至于不关涉政体，而要在政务上举行较根本的改革的，则在宣帝时有王吉，因为宣帝是个实际的政治家，不能听他的话。元帝即位，却征用了王吉及和他志同道合的朋友贡禹。王吉年老，在路上死了。贡禹征至，官至御史大夫。听了他的话，改正了许多奢侈的制度，又行了许多宽恤民力的政事。其时又有个翼奉，劝元帝徙都成周。他说：长安的制度，已经坏了，因袭了这种制度，政治必不能改良，所以要迁都正本，与天下更始，则其规模更为阔大了。哀帝多病，而且无子，又有个李寻，保荐了一个贺良，陈说“汉历中衰，当更受命”，劝他改号为陈圣刘皇帝。“陈”字和“田”字同音，“田”“地”二字，古人通用，地就是土，陈圣刘皇帝，大约是说皇帝虽然姓刘，所行的却是土德。西汉人五德终始之说，还不是像后世专讲一些无关实际、有类迷信的空话的，既然要改变“行序”，同时就有一大套实际的政务，要跟着改变。这只要看贾谊说汉朝应当改革，虽然要“改正朔，易服色”，也要“法制度，

汉宣帝刘询。

王莽。

定官名”，而他所草拟的具体方案，“为官名，悉更秦之故”，便可知道。五德终始，本来不是什么迷信，而是一套有系统的政治方案。这种根本的大改革，要遭到不了解的人无意识地反对，和实际于他权利有损的人出死力地抵抗，自是当然之事。所以贺良再进一步，要想改革实际的政务，就遭遇反对而失败了。但改革的气势，既然如此其旁薄郁积，自然终必有起而行之之人，而这个人就是王莽。所以王莽是根本无所谓篡窃的。他只是代表时代潮流，出来实行改革的人。要实行改革，自然要取得政权；要取得政权，自然要推翻前朝的皇帝；而因实行改革而推翻前朝的皇帝，在当时的人看起来，毋宁是天理人情上当然的事。所以应天顺人(《易·鼎卦彖辞》：“汤武革命，顺乎天而应乎人”)，在当时也并不是一句门面话。

要大改革，第一步自然还是生计问题，王莽所实行的是：(一)改名天下的田为王田，这即是现在的宣布土地国有，和附着于土地的奴隶，都不准卖买，而举当时所有的土田，按照新章，举行公平的分配。(二)立六筦之法，将大事业收归官营。(三)立司市、泉府，以平衡物价，使消费者、生产者、交换者，都不吃亏。收有职业的人的税，以供要生利而无资本的人，及有正当消费而一时周转不灵的人的借贷。他的办法，颇能综合儒法两家，兼顾到平均地权和节制资本两方面，其规模可称阔大，思虑亦可谓周详。但是徒法不能自行，要举行这种大改革，必须民众有相当的觉悟，且能作出相当的行动，专靠在上者的操刀代斫，是不行的。因为真正为国为民的人，总只有少数，官僚阶级中的大多数人，其利害总是和人民相反的，非靠督责不行。以中国之大，古代交通的不便，一个中央政府，督责之力本来有所不及；而况当大改革之际，普通官吏，对于法令，也未必能了解，而作弊的机会却特多；所以推行不易，而监督更难。王莽当日所定的法令，有关实际的，怕没有一件能够真正推行，而达到目的，因此而生的流弊，则无一事不有，且无一事不厉害。其余无关实际、徒资纷扰的，更不必说了。王莽是个偏重立法的人，他又“锐思于制作”，而把眼前的政务搁起。尤其无谓的，是他的改革货币，麻烦而屡次改变，势不可行，把商业先破坏了。新分配之法，未曾成立，旧交易之法，先已破坏，遂使生计界的秩序大乱，全国的人，无一个不受到影响。王莽又是个拘泥理论、好求形式上的整齐的人。他要把全国的政治区划，依据地理，重行厘定，以制定封建和郡县制度。这固然是一种根本之图，然岂旦夕可致？遂至改革纷纭，名称屡变，吏弗能纪。他又要大改官制，一时亦不能成功，而官吏因制度未定，皆不得禄，自然贪求更甚了。对于域外，也是这么一套。如更改封号及印章等，无关实际、徒失交涉的圆滑，加以措置失宜，匈奴、西域、西南夷，遂至背叛。王莽对于西域，未曾用兵。西南夷则连年征讨，骚扰殊甚。对于匈奴，他更有一个分立许多小单于，而发大兵深入穷追，把其不服的赶到丁令地方去的一个大计划（此乃欲将匈奴驱入今西伯利亚之地，而将漠北空出）。这个计划，倒也是值得称赞的，然亦谈何容易？当时调兵运饷，牵动尤广，屯守连年，兵始终没有能够出，而内乱却已蔓延了。

莽末的内乱，是起于公元17年的。今山东地方，先行吃紧。湖北地方，亦有饥民屯聚。剿办连年弗能定。公元22年，藏匿在今当阳县绿林山中的兵，分出南阳和南郡（汉南阳郡，治宛，今河南南阳县。南郡，治江陵，今湖北江陵县）。入南阳的谓之新市兵，入南郡的谓之下江兵。又有起于今随县的平林乡的，谓之平林兵。汉朝的宗室刘玄，在平林兵中。刘縯、刘秀则起兵春陵（今湖北枣阳县），和新市、平林兵合。刘玄初称更始将军，后遂被立为帝。入据宛。明年，王莽派大兵四十万去剿办，多而不整，大败于昆阳（今河南叶县）。莽遂失其控制之力，各地方叛者并起。更始分兵两支：一攻洛阳，一入武关。长安中叛者亦起。莽遂被杀。更始移居长安，然为新市、平林诸将所制，不能有为。此时海内大乱，而今河南、河北、山东一带更甚。刘縯为新市、平林诸将所杀。刘秀别为一军，出定河北，即帝位于鄗（改名高邑县），是为后汉光武皇帝。先打平了许多小股的流寇。其大股赤眉，因食尽西上，另立了一个汉朝的宗室刘盆子，攻入长安。更始兵败出降，旋被杀。光武初以河内为根据地（汉河内郡，治怀，在今河南武陟县），派兵留守，和服从更始的洛阳对峙。至此遂取得了洛阳，定都其地。派兵去攻关中，未能遽定，而赤眉又因食尽东走，光武自勒大兵，降之宜阳（今河南宜阳县）。此时东方还有汉朝的宗室刘永割据睢阳（今河南商丘县），东方诸将，多与之合。又有秦丰、田戎等，割据今湖北沿江一带，亦被他次第打平。只有陇西的隗嚣、四川的公孙述，较有规模，到最后才平定。保据河西的窦融，则不烦兵力而自下。到公元 36 年，天下又算平定了。从公元 17 年东方及荆州兵起，算到这一年，其时间实四倍于秦末之乱；其破坏的程度，怕还不止这一个比例。光武平定天下之后，自然只好暂顾目前，说不上什么远大的计划了。而自王莽举行这样的大改革而失败后，政治家的眼光，亦为之一变。根本之计，再也没有人敢提及。社会渐被视为不可以人力控制之物，只能听其迁流所至。“治天下不如安天下，安天下不如与天下安”，遂被视为政治上的金科玉律了。所以说：这是中国历史上的一个大转变。

第十三讲

后汉的盛衰

后汉自公元25年光武帝即位起，至公元220年为魏所篡止，共计196年；若算到公元189年董卓行废立，东方起兵讨卓，实际分裂之时为止，则共得165年；其运祚略与前汉相等，然其国力的充实，则远不如前汉了。这是因为后汉移都洛阳，对于西、北两面的控制，不如前汉之便；又承大乱之后，海内凋敝已极，休养未几，而羌乱即起，其富力亦不如前汉之盛之故。两汉四百年，同称中国的盛世，实际上，后汉已渐露中衰之机了。光武帝是一个实际的政治家。他知道大乱之后，急于要休养生息，所以一味地减官省事。退功臣，进文吏。位高望重的三公，亦只崇其礼貌，而自己以严切之法，行督责之术，虽然有时不免失之过严，然颇得专制政治“严以察吏，宽以驭民”的秘诀，所以其时的政治，颇为清明。公元57年，光武帝崩，子明帝立。亦能守其遗法。公元75年，明帝崩，子章帝立，政治虽渐见宽弛，然尚能蒙业而安。章帝以公元 88 年崩。自公元 36 年公孙述平定至此，共计 52 年，为东汉治平之世。

匈奴呼韩邪单于约诸子以次继立。六传至呼都而尸单于，背约而杀其弟。前单于之子比，时领南边，不服。公元 48 年，自立为呼韩邪单于，来降。中国人处之于今绥远境内。匈奴自此分为南、北。北匈奴日益衰乱。公元 89 年，南单于上书求并北庭。时和帝新立，年幼，太后窦氏临朝。后兄窦宪犯法，欲令其立功自赎，乃以宪为大将军，出兵击破匈奴。后年，又大破之于金微山（大约系今蒙古西北的阿尔泰山）。北匈奴自此远遁，不能为中国之患了。西域的东北部，是易受匈奴控制的。其西南部，则自脱离汉朝都护的管辖后，强国如莎车、于阗等，出而攻击诸国，意图并吞。后汉初兴，诸国多愿遣子入侍，请派都护。光武不许。明帝时，才遣班超出使。班超智勇足备，带了少数的人，留居西域，调发诸国的兵，征讨不服，至公元 91 年而西域平定。汉朝复设都护，以超为之。后汉之于域外，并没有出力经营，其成功，倒亦和前汉相仿佛，只可谓之适值天幸而已。

后汉的乱源，共有好几个，其中最重要的，就是外戚和宦官。从前的皇室，其前身，本来是一个强大的氏族。氏族自有氏族的继承法。当族长逝世，合法继承人年幼时，从族中推出一个人来，暂操治理之权，谓之摄政。如由前族长之妻、现族长之母代理，则即所谓母后临朝。宗室分封于外，而中朝以外戚辅政，本来是前汉的一个政治习惯。虽然前汉系为外戚所篡，然当一种制度未至崩溃时，即有弊窦，人们总认为是人的不好，而不会归咎于制度的。如此，后汉屡有冲幼之君，自然产生不出皇族摄政的制度来，而只会由母后临朝；母后临朝，自然要任用外戚。君主之始，本来是和一个乡长或县长差不多的。他和人民是很为接近的。到后来，国家愈扩愈大，和原始的国

汉光武帝真像。

家不知相差若干倍了，而君主的制度依然如故。他和人民，和比较低级的官吏，遂至因层次之多，而自然隔绝。又因其地位之高，而自成养尊处优之势，关系之重，而不得不深居简出。遂至和当朝的大臣，都不接近，而只是和些宦官宫妾习狎。这是历代的嬖倖近习，易于得志的原因，而也是政治败坏的一个原因。后汉外戚之祸，起于章帝时。章帝的皇后窦氏是没有儿子的。宋贵人生子庆，立为太子。梁贵人生子肇，窦后养为己子。后诬杀宋贵人，废庆为清河王，而立肇为太子。章帝崩，肇立，是为和帝。后兄窦宪专权。和帝既长，与宦者郑众谋诛之，是为后汉皇帝和宦官合谋以诛外戚之始。105年，和帝崩。据说和帝的皇子，屡次夭殇，所以生才百余日的殇帝，是寄养于民间的。皇后邓氏迎而立之。明年，复死。乃迎立清河王的儿子，是为安帝。邓太后临朝，凡十五年。太后崩后，安帝亲政，任用皇后的哥哥阎显，又宠信宦官和乳母王圣，政治甚为紊乱。阎皇后无子，后宫李氏生子保，立为太子。后谮杀李氏而废保。125年，安帝如宛，道崩。皇后秘丧驰归，迎立章帝之孙北乡侯懿。当年即死。宦者孙程等迎立废太子保，是为顺帝。程等十九人皆封列侯。然未久即多遭谴斥。顺帝任用皇后的父亲梁商，梁商为人还算谨慎。商死后，子冀继之，其骄淫纵恣，为前此所未有。144年，顺帝崩，子冲帝立。明年崩。梁冀迎立章帝的玄孙质帝。因年小聪明，为冀所弑。又迎立章帝的曾孙桓帝。桓帝立十三年后，才和宦者单超等五人合谋把梁冀诛戮，自此宦官又得势了。

因宦官的得势，遂激成所谓党锢之祸。宦官和阉人，本来是两件事。“宦”字的初义，是在机关中学习，后来则变为在贵人家中专事伺候人的意思。皇室的规模，自然较卿大夫更大，自亦有在宫中服侍他的人，此即所谓“宦官”（据《汉书·本纪》，惠帝即位后，曾施恩于宦皇帝的人，此即是惠帝为太子时，在“太子家”中伺候他的人）。本不专用阉人，而且其初，宦官的等级远较阉人为高，怕是绝对不能用阉人的。但到后来，刑罚滥了，士大夫亦有受到宫刑的（如司马迁受宫刑后为中书谒者令，即其好例）；又有生来天阉的人；又有贪慕权势，自宫以进的，不都是俘虏或罪人。于是其人的能力和品格，都渐渐提高，而可以用为宦官了。后汉邓太后临朝后，宫中有好几种官，如中常侍等，都改用阉人，宦官遂成为阉人所做的官的代名词。虽然阉人的地位实已提高，然其初既是俘虏和罪人，社会上自然总还将他当作另一种人看待，士大夫更瞧他不起。此时的士大夫和贵族，都是好名的，都是好交结的。这一则出于战国之世，贵族好养士，士人好奔走的习惯，一则出于此时选举上的需要。当时的宦官，多有子弟亲戚，或在外面做官暴虐，或则居乡恃势骄横。用法律裁制，或者激动舆论反对他，正是立名的好机会。士大夫和宦官，遂势成水火。这一班好名誉好交结的士大夫，自然也不免互相标榜，互相结托。京城里的太学，游学者众多，而且和政治接近，便自然成为他们聚集的中心。结党以营谋进身，牵引同类，淆乱是非，那是政治上的一个大忌。当时的士大夫，自不免有此嫌疑。而且用了这一个罪名，则一网可以打尽，这是多么便利，多么痛快的事！宦官遂指当时反对他们的名士为党人，劝桓帝加以禁锢，后因后父窦武进言，方才把他们赦免。167年，桓帝崩，无子，窦后和武定策禁中，迎立了章帝的玄孙灵帝。太后临朝。窦武是和名士接近的，有恩于窦氏的陈蕃，做了太傅，则其本身就是名士中人。谋诛弄权的宦官，反为所害。太后亦被迁抑郁而死。灵帝年长，不徒不知整顿，反更崇信宦官，听其把持朝政，浊乱四海。而又一味聚敛奢侈。此时乱源本已潜伏，再天天给他制造爆发的机会，遂成为不可收拾之局了。

大伤后汉的元气的是羌乱。中国和外夷，其间本来总有边塞隔绝着的。论民族主义的真谛，先进民族本来有诱掖后进民族的责任，不该以隔绝为事。但是同化须行之以渐。在同化的进行未达相当程度时，彼此的界限是不能遽行撤废的。因为文化的不同就是生活的相异，不能使其生活从同，顾欲强使生活不同的人共同生活，自不免引起纠纷。这是五胡乱华的一个重要原因，而后汉时的羌乱，业已导其先路了。今青海省的东北境，在汉时本是羌人之地。王莽摄政时，讽羌人献地，设立了一个西海郡。既无实力开拓，边塞反因之撤废，羌人就侵入内地。后汉初年，屡有反叛，给中国征服了，又都把他们迁徙到内地来。于是降羌散居今甘肃之地者日多。安帝时，遂酿成大规模的叛乱。这时候，政治腐败，地方官无心守土，都把郡县迁徙到内地。人民不乐迁徙，则加以强迫驱遣，流离死亡，不可胜数。派兵剿办，将帅又腐败，历时十余年，用费达二百四十亿，才算勉强结束。顺帝时又叛，兵费又至八十余亿，桓帝任用段颎，大加诛戮，才算镇定下来。然而西北一方，凋敝已甚，将帅又渐形骄横，隐伏着一个很大的乱源了。

遇事都诉之理性，这只是受过优良教育的人，在一定的范围中能够。其余大多数人，和这一部分人出于一定范围以外的行为，还是受习惯和传统思想的支配的。此种习惯和传统的思想，是没有理由可以解说的，若要仔细追究起来，往往和我们别一方面的知识冲突，所以人们都置诸不问，而无条件加以承认，此即所谓迷信。给迷信以一种力量的则为宗教。宗教鼓动人的力量是颇大的。当部族林立之世，宗教的教义，亦只限于一部族，而不足以吸引别部族人。到统一之后就不然了。各种小宗教，渐渐混合而产生大宗教的运动。在汉时，上下流社会，是各别进行的。在上流社会中，孔子渐被视为一个神人，看当时内学家（东汉时称“纬”为内学）尊崇孔子的话，便可见得。但在上流社会中，到底是受过良好教育，理性较为发达的，不容此等迷信之论控制，所以不久就被反对迷信的玄学打倒。在下流社会，则各种迷信，逐渐结合，而形成后世的道教。在汉时是其初步。其中最主要的是张角的太平道和张修的五斗米道。道教到北魏时的寇谦之，才全然和政府妥协，前此，则是很激烈地反对政府的。他们以符咒治病等，为煽动和结合的工具。张修造反，旋即平定。张鲁后来虽割据汉中，只是设立鬼卒等，闭关自守，实行其神权政治而已，于大局亦无甚关系。张角却声势浩大。以公元184年起事。他的徒党，遍于青、徐、幽、冀、荆、扬、兖、豫八州，即今江苏、安徽、浙江、江西、湖北、湖南、山东、河南、河北各省之地。但张角似是一个只会煽惑而并没有什么政治能力的人，所以不久即败。然此时的小乱事，则已到处蔓延，不易遏止了，而黄巾的余党亦难于肃清。于是改刺史为州牧，将两级制变成了三级制，便宜了一部分的野心家，即仍称刺史的人以及手中亦有兵权的郡守。分裂之势渐次形成，静待着一个机会爆发。

第十四讲

后汉的分裂和三国

公元189年，灵帝崩。灵帝皇后何氏，生子辩。美人王氏，生子协。灵帝属意于协，未及定而崩，属协于宦者蹇硕。这蹇硕，大约是有些武略的。当黄巾贼起时，汉朝在京城里练兵，共设立八个校尉，蹇硕便是上军校尉，所以灵帝把废嫡立庶的事情付托他。然而这本是不合法的事，皇帝自己办起来，还不免遭人反对，何况在其死后？这自然不能用法律手段解决。蹇硕乃想伏兵把何皇后的哥哥大将军何进杀掉，然后举事。事机不密，被何进知道了，就拥兵不朝。蹇硕无可如何，而辩乃得即位，是为废帝。何进把蹇硕杀掉，因想尽诛宦官。而何氏家本寒微，向来是尊敬宦官的。何太后的母亲和何进的兄弟，又受了宦官的贿赂，替他们在太后面前说好话。太后因此坚持不肯。何进无奈，乃召外兵进京，欲以胁迫太后。宦官见事急，诱进入宫，把他杀掉。何进的官属，举兵尽诛宦官。京城大乱，而凉州将董卓适至，拥兵入京，大权遂尽入其手。董卓只是个强盗的材料。他把废帝废掉，而立协为皇帝，是为献帝。山东州郡起兵反对他，他乃移献帝于长安，接近自己的老家，以便负隅抵抗。东方州郡实在是人各有心的，都各占地盘，无意于进兵追讨。后来司徒王允，和董卓亲信的将官吕布相结，把董卓杀掉。董卓的将校李傕、郭汜，又回兵替董卓报仇。吕布出奔，王允被杀。李傕、郭汜又互相攻击，汉朝的中央政府就从此解纽，不再能号令全国了。

各地方割据的：幽州有公孙瓒。冀州有袁绍。兖州有曹操。徐州始而是陶谦，后来成为刘备和吕布争夺之场。扬州，今寿县一带，为袁术所据，江东则入于孙策。荆州有刘表。益州有刘焉。这是较大而在中原之地的，其较小较偏僻的，则汉中有张鲁，凉州有马腾、韩遂，辽东有公孙度。当时政治的重心，是在山东的（古书所谓“山东”，系指华山以东，今之河南、山东，都包括在内）。袁绍击灭了公孙瓒，又占据了并州，地盘最大，而曹操最有雄才大略。献帝因不堪李傕、郭汜的压迫，逃归洛阳，贫弱不能自立，召曹操入卫，操移献帝于许昌，遂成挟天子以令诸侯之势。刘备为吕布所破，逃归曹操，曹操和他合力，击杀了吕布。袁术因荒淫无度，不能自立，想走归袁绍，曹操又使刘备邀击，术退走，旋死。刘备叛操，操又击破之。河南略定。公元200年，袁绍举大兵南下，与操相持于官渡（城名，在今河南中牟县北），为操所败。绍气愤死。公元205年，绍二子并为操所灭。于是北方无与操抗者。208年，操南征荆州。刘表适死，其幼子琮，以襄阳降（今湖北襄阳县，当时荆州治此）。刘备时在荆州，走江陵。操追败之。备奔刘表的长子琦于江夏（汉郡，后汉时，郡治在今湖北黄冈县境），和孙权合力，败操于赤壁（山名，在今湖北嘉鱼县）。于是刘备屯兵荆州，而孙权亦觊觎其地。后备乘刘焉的儿子刘璋暗弱，夺取益州。孙权想攻荆州，刘备同他讲和，把荆州之地平分了。时马腾的儿子马超和韩遂反叛，曹操击破之。又降伏了张鲁。刘备北取汉中。

曹操自争之，不能克，只得退回。天下渐成三分之势。刘备初见诸葛亮时，诸葛亮替他计划，就是据有荆、益两州，天下有变，命将将荆州之兵以向宛、洛，而自率益州之众以出秦川的。这时的形势，颇合乎这个条件。备乃命关羽自荆州北伐，取襄阳，北方颇为震动，而孙权遣兵袭取江陵，羽还救，为权所杀。刘备忿怒，自将大兵攻权，又大败于猇亭（在今湖北宜都县西）。于是荆州全入于吴。备旋以惭愤而死，此事在公元 223 年。先是 220 年，曹操死，子丕篡汉自立，是为魏文帝。其明年，刘备称帝于蜀，是为蜀汉昭烈帝。孙权是到 229 年才称帝的，是为吴大帝。天下正式成为三分之局。蜀的地方最小，只有今四川一省，其云南、贵州，全是未开发之地。吴虽自江陵而下，全据长江以南，然其时江南的开化，亦远在北方之后。所以三国以魏为最强，吴、蜀二国，常合力以与之抗。

三国的分裂，可以说是两种心理造成的。其一是封建的余习。人心是不能骤变的。在封建时代，本有各忠其君的心理，秦汉以后，虽然统一了，然此等见解，还未能全行破除。试看汉代的士大夫，仕于

魏太祖。

吴太祖。

诸葛亮。

蜀主刘备图。选自唐代画家阎立本所作《历代帝王图》。

州郡的，都奉其长官为君，称其机关为本朝，有事为之尽忠，死则为之持服，便可知道。又其一则为南方风气的强悍。赤壁战时，孙权实在没有联合刘备抵抗曹操的必要。所以当时文人持重而顾大局的，如张昭等，都主张迎降。只有周瑜和鲁肃，主张抵抗，和孙权的意见相合。《三国志》载周瑜的话，说曹操名为汉相，实系汉贼，这是劫持众人的门面话，甚或竟是事后附会之谈。东吴的君臣，自始至终，所作所为，何曾有一件事有汉朝在心目之中？说这话要想欺谁？在当时东吴朝廷的空气中，这话何能发生效力？孙权一生，最赏识的是周瑜，次之则是鲁肃。孙权当称帝时，说鲁子敬早有此议，鲁肃如此，周瑜可知。为什么要拥戴孙权做皇帝？这个决无理由，不过是一种倔强之气，不甘为人下，孙权的自始便要想做皇帝，则更不过是一种不知分量的野心而已。赤壁之战，是天下三分的关键，其事在公元208年，至280年晋灭吴，天下才见统一，因这一种蛮悍的心理，使战祸延长了七十二年。

关羽。

周瑜。

刘备的嗣子愚弱，所以托孤于诸葛

司马懿。

司马昭坐训高贵乡公。

亮。诸葛亮是有志于恢复中原的；而且蜀之国势，非以攻为守，亦无以自立；所以自先主死后，诸葛亮即与吴弃衅言和，连年出兵伐魏。吴则除诸葛恪辅政之时外，多系疆场小战。曹操自赤壁败后，即改从今安徽方面经略东南。三国时，吴、魏用兵，亦都在这一带，彼此均无大成功。魏文帝本来无甚才略。死后，儿子明帝继立，荒淫奢侈，朝政更坏。其时司马懿屡次带兵在关中和诸葛亮相持，又平定了辽东。明帝死后，子齐王芳年幼，司马懿和曹爽同受遗诏辅政。其初大权为曹爽所专。司马懿托病不出，而暗中运用诡谋，到底把曹爽推翻，大权遂尽入其手。司马懿死后，他的儿子司马师、司马昭相继把持朝局。扬州方面，三次起兵反对司马氏，都无成。蜀自诸葛亮死后，蒋琬、费祎继之，不复能出兵北伐。费祎死后，姜维继之，频年出兵北伐而无功，民力颇为疲敝。后主又信任宦官，政局渐坏。司马昭乘此机会，于 263 年发兵灭蜀。司马昭死后，他的儿子司马炎继之，于 265 年篡魏，是为晋武帝。至 280 年而灭吴统一中国。

第十五讲

晋初的形势

吴、蜀灭亡，天下复归于统一了，然而乱源正潜伏着。这乱源是什么呢？自后汉以来，政治的纲纪久经废弛，试看第十三讲所述可知。政治上的纲纪若要挽回，最紧要的是以严明之法行督责之术。魏武帝和诸葛亮都是以此而收暂时的效果的。然而一两个严明的政治家，挽不回社会上江河日下的风气，到魏、晋之世，纲纪又复颓败了。试看清谈之风，起于正始（魏齐王芳年号，自公元240年至248年），至晋初而更甚，直绵延至南朝之末可知。所谓清谈，所谈的就是玄学。谈玄本不是坏事，以思想论，玄学要比汉代的儒学高明得多。不过学问是学问，事实是事实。因学问而忽视现实问题，在常人尚且不可，何况当时因谈玄而蔑视现实的，有许多是国家的官吏，所抛弃的是政治上的职务？

汉朝人讲道家之学的所崇奉的是黄、老，所讲的是清静不扰，使人民得

晋武帝司马炎图。选自唐代画家阎立本所作《历代帝王图》。

以各安其生的法术。魏晋以后的人所崇奉的是老、庄，其宗旨为委心任运。狡黠地讲求趋避之术，养成不负责任之风。懦弱的则逃避现实，以求解除痛苦。颓废的则索性蔑视精神，专求物质上的快乐。到底人是现实主义的多，物质容易使人沉溺，于是奢侈之风大盛。当曹爽执政时，曾引用一班名士。虽因政争失败，未能有所作为，然从零碎的材料看来，他们是有一种改革的计划，而其计划且颇为远大的（如夏侯玄有废郡之议，他指出郡已经是供镇压之用，而不是治民事的，从来讲官制的人，没有这么彻底注重民治的）。曹爽等的失败，我们固然很难知其原因所在，然而奢侈无疑的总是其原因之一。代曹爽而起的是司马氏，司马氏是武人，武人是不知义理，亦不知有法度的，一奢侈就可以毫无规范。何曾、石崇等人正是这一个时代的代表。

封建时代用人本来是看重等级的。东周以后，世变日亟，游士渐起而夺贵族之席。秦国在七国中是最能任用游士的，读李斯《谏逐客书》可见。秦始皇灭六国后，仍保持这个政治习惯，所以李斯能做到宰相，得始皇的信任。汉高起自徒步，一时将相大臣，亦多刀笔吏或家贫无行者流，就更不必说了。汉武帝听了董仲舒的话，改革选法，博士、博士弟子、郡国上计之吏和州郡所察举的秀才、孝廉，都从广大的地方和各种不同的阶层中来。其他擢用上书言事的人，以及朝廷和各机关的征辟，亦都是以人才为主的。虽或不免采取虚誉，及引用善于奔走运动的人，究与一阶级中人世据高位者不同。魏晋以降，门阀制度渐次形成，影响及于选举，高位多为贵族所盘踞，起自中下阶层中较有活气的人，参与政治的机会较少，政治自然不免腐败。如上讲所述，三国时代，南方士大夫的风气，还是颇为剽悍的。自东晋之初，追溯后汉之末，不过百余年，周瑜、鲁肃、吕蒙、陆逊等人物，未必无有（晋初的周处，即系南人，还很有武烈之风）。倘使元帝东渡以后，晋朝能多引用这一班人，则除为国家戡乱以外，更加以民族的敌忾心，必有功效可见。然而大权始终为自北南迁的贵族所把持，使宋武帝一类的人物，直到晋末，才得出现于政治舞台之上，这也是一笔很大的损失。

两汉时儒学盛行。儒学是封建时代的产物，颇笃于君臣之义的。两汉时，此项运动，亦颇收到相当的效果。汉末政治腐败，有兵权的将帅，始终不敢背叛朝廷（说本《后汉书·儒林传论》）；以魏武帝的功盖天下，亦始终只敢做周文王（参看《三国志·魏武帝纪》建安十五年《注》引是年十二月己亥令，这句句都是真话），就是为此。司马氏的成功是狡黠而不知义理的军阀得势（《晋书·宣帝纪》说："明帝时，王导侍坐，帝问前世所以得天下，导乃陈帝创业之始，及文帝末高贵乡公事。明帝以面覆床曰：'若如公言，晋祚复安得长远？'"司马氏之说可见），自此风气急变。宋、齐、梁、陈之君亦多是如此。加以运祚短促，自不足以致人忠诚之心。门阀用人之习既成，贵游子弟，出身便做好官，富贵吾所自有，朝代变换，这班人却并不更动，遂至"忠君之念已亡，保家之念弥切"（说本《南史·褚渊传论》）。中国人自视其国为天下，国家观念，本不甚发达；五胡乱华，虽然稍稍激起民族主义，尚未能发扬光大；政治上的纲纪，还要靠忠君之义维持，而其颓败又如此，政治自更奄奄无生气了。

秦汉时虽有所谓"都尉"，调兵和统率之权，是属于太守的。其时所行的是民兵之制，平时并无军队屯聚；一郡的地方太小，亦不足以背叛中央；所以柳宗元说"有叛国而无叛郡"（见其所著《封建论》）。自刺史变为州牧，而地盘始大；即仍称刺史的，其实权亦与州牧无异；郡守亦有执掌兵权的，遂成尾大不掉之势。晋武帝深知其弊，平吴之后，就下令去刺史的兵权，回复其监察之职。然沿袭既久，人心一时难于骤变。平吴之后，不久内乱即起，中央政府，顾不到各地方，仍借各州郡自行镇压，外重之势遂成，迄南朝不能尽革。

自秦汉统一之后，国内的兵争既息，用不到人人当兵。若说外征，则因路途窎远，费时失业，人民在经济上的损失太大，于是多用谪发及谪戍。至后汉光武时，省郡国都尉，而民兵之制遂废。国家的强弱，固不尽系乎兵，然若多数人民，都受过相当的军事训练，到缓急之际，所表现出来的抵抗力，是不可轻侮的。后汉以来，此条件业经丧失，反因贪一时便利之故，多用降伏的异族为兵，兵权倒持在异族手里，遂成为五胡扰乱的直接原因。

王导。

晋初五胡的形势，是如此的：（一）匈奴。散布在并州即今山西省境内。（二）羯。史籍上说是匈奴的别种，以居于上党武乡的羯室而得名的（在今山西辽县）。按古书上的"种"字，不是现在所谓种族之义。古书所谓"种"或"种姓"，其意义，与姓氏或氏族相当。羯人有火葬之俗，与氐、羌同，疑系氐、羌与匈奴的混种，其成分且以氐、羌为多。羯室正以羯人居此得名，并非匈奴的一支，因居羯室之地而称羯。（三）鲜卑。《后汉书》说东胡为匈奴所破，余众分保乌丸、鲜卑二山，因以为名。事实上，怕亦是山以部族名的。此二山，当

谢安。

谢玄。

在今蒙古东部苏克苏鲁、索岳尔济一带。乌桓（亦作“乌丸”，编者注。）在南，鲜卑在北。汉朝招致乌桓，居于上谷、渔阳、右北平、辽西、辽东塞上，以捍御匈奴。后汉时，北匈奴败亡，鲜卑徙居其地。其酋长檀石槐，曾一时控制今蒙古之地，东接夫余（与高句丽同属貉族。其都城，即今吉林的长春县），西至西域。所以乌丸和中国，较为接近，而鲜卑则据地较广。曹操和袁绍相争时，乌丸多附袁绍。袁氏既灭，曹操袭破之于柳城（汉县，今热河凌源县）。乌桓自此式微，而鲜卑则东起辽东，西至今甘肃境内，部族历历散布，成为五胡中人数最多、分布最广的一族。（四）氐。氐人本来是居于武都的（即白马氐之地，今甘肃成县），魏武帝怕被蜀人所利用，把他迁徙到关中。（五）羌。即后汉时叛乱之余。氐、羌都在泾、渭二水流域。当时的五胡大部分是居于塞内的，间或有在塞外的，亦和边塞很为接近。其人亦多散处民间，从事耕织，然犷悍之气未消，而其部族首领，又有野心勃勃，想乘时恢复故业的。一旦啸聚起来，“掩不备之人，收散野之积”（江统《徙戎论》语），其情势，自又非从塞外侵入之比。所以郭钦、江统等要想乘天下初定，用兵力将他们迁回故地。这虽不是民族问题根本解决之方，亦不失为政治上一时措置之策，而晋武帝因循不能用。

第十六讲

五胡之乱（上）

五胡之乱，已经蓄势等待着了，而又有一个八王之乱（八王，谓汝南王亮、楚王玮、赵王伦、齐王冏、长沙王乂、成都王颖、河间王颙、东海王越），做它的导火线。封建亲戚以为屏藩之梦，此时尚未能醒。我们试看：魏武帝于建安十五年十二月己亥下令，说从前朝廷恩封我的几个儿子，我辞而不受，现在想起来，却又要受了，因为执掌政权年久，怕要谋害我的人多，想借此自全之故，就可见得这时候人的思想。魏虽亦有分封之制，但文帝当未做魏世子时，曾和他的兄弟争立，所以猜忌宗室诸王特甚，名为分藩，实同囚禁，决不能牵掣晋朝的篡弑。晋人有鉴于此，所以得国之后，就大封同姓，体制颇为崇隆，而且各国都有卫兵。晋武帝是文帝的儿子，景帝之后，自然不甘退让。在武帝时，齐王攸颇有觊觎储位之意，似乎也有党附于他的人。然未能有成，惠帝卒立。惠帝是很昏愚的，其初太后父杨骏执政，皇后贾氏和楚王玮合谋，把他杀掉，而用汝南王亮，又把他杀掉，后又杀楚王，旋弑杨太后。太子遹非后所生，后亦把他废杀。赵王伦时总宿卫，因人心不服，弑后，遂废惠帝而自立。时齐王冏镇许昌，成都王颖镇邺（今河南临漳县），河间王颙镇关中，连兵攻杀伦。惠帝复位，齐王入洛专政。河间王颙和长沙王乂合谋攻杀之。又和成都王颖合谋，攻杀乂。东海王越合幽、并两州的兵，把河间、成都两王打败，遂弑惠帝而立怀帝。此等扰乱之事，在公元 291 年至 306 年的 16 年间。

匈奴单于，自后汉之末失位，入居中国。单于死后，中国分其部众为五，各立酋帅。其中左部最强，中国将其酋帅羁留在邺，以资驾驭，至晋初仍未释放。东海王之兵既起，刘渊说成都王回去合五部之众，来帮他的忙，成都王才释放了他。刘渊至并州，遂自立，是为十六国中的前赵。此时中原之地，

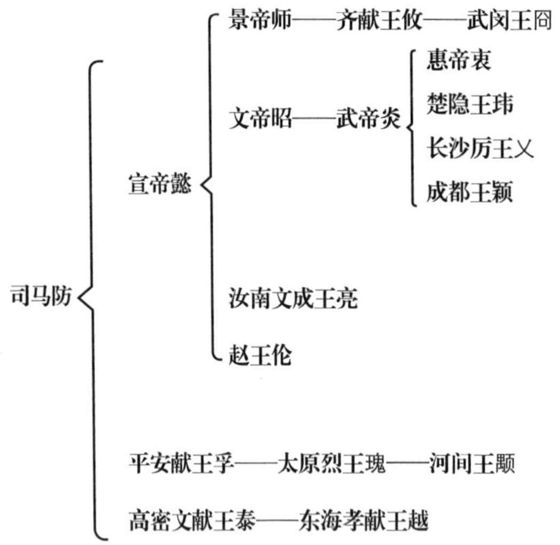

盗贼蜂起，刘渊如能力征经营，很可以有所成就。然刘渊是个无甚才略的人，自立之后，遂安居不出。羯人石勒，才略却比较优长。东方群盗，尽为所并。名虽服从前赵，实则形同独立。东海王既定京师，出兵征讨，死于军中，其兵为石勒所追败。晋朝遂成坐困之势。310年，刘渊的族子刘曜攻破洛阳，怀帝被虏。明年，被弑。愍帝立于长安。316年，又被虏。明年，被弑。元帝时督扬州，从下邳迁徙到建业（下邳，今江苏邳县。建业，今南京。东晋后避愍帝讳，改曰建康），自立，是为东晋元帝。此时，在北方，只有幽州刺史王浚、并州刺史刘琨，崎岖和戎狄相持。南方则豫州刺史祖逖，从淮北经略今之豫东，颇有成绩。然王浚本是个狂妄的人，刘琨则窘困太甚，终于不能支持，为石勒所破灭。祖逖因中央和荆州互相猜忌，知道功不能成，愤慨而死，就无能抗拒石勒的人。328年，勒灭前赵。除割据凉州的前凉，辽东、西的前燕外，北方几尽入其手。

南方的情势，是荆州强于扬州。元帝即位之后，要想统一上流的事权，乃派王敦去都督荆州。王敦颇有才能，能把荆州的实权收归掌握，却又和中央互相猜忌。322年，终于决裂。王敦的兵，入据京城。元帝忧愤而死。子明帝立，颇有才略。乘王敦病死，把其余党讨平。然明帝在位仅三年。明帝崩，子成帝立，年幼，太后庾氏临朝，后兄庾亮执政，和历阳内史苏峻不协（今安徽和县）。苏峻举兵造反，亮奔温峤于寻阳（今江西九江县）。温峤是很公忠体国的，邀约荆州刺史陶侃，把苏峻打平。陶侃时已年老，故无跋扈之心。侃死后，庾亮出镇荆州。庾亮死后，其弟庾翼、庾冰继之。此时内外的大权，都在庾氏手里，所以成帝、康帝之世，相安无事。344年，康帝崩，子穆帝立。明年，庾翼死，表请以其子继任，宰相何充不听，而用了桓温。于是上下流之间，又成对立之势了。

石勒死于333年。明年，勒从子虎杀勒子而自立。石虎是个淫暴无人理的，然兵力尚强。庾翼于 343 年出兵北伐，未能有功。349 年，石虎死，诸子争立。汉人冉闵为虎养子，性颇勇悍，把石虎诸子尽行诛灭。闵下令道："与官同心者住，不同心者各任所之。"于是"赵人百里内悉入城"，而"胡、羯去者填门"。闵知胡之不为己用，遂下令大诛胡、羯。单是一个邺中，死者就有二十多万。四方亦都承令执行。胡、羯经此打击，就不能再振了。先是鲜卑慕容廆，兴于辽西，兼并辽东。至其子皝，迁都龙城（今热河朝阳县）。慕容氏是远较前、后赵为文明的，地盘既广，兵力亦强。石虎死的前一年，慕容皝死，子俊立，乘北方丧乱，侵入中原。冉闵与战，为其所杀。于是河北之地，尽入于慕容氏。羌酋姚弋仲、氐酋苻洪，其初为后赵所压服的，至此亦乘机自立。苻洪死，子苻健入关。姚弋仲死，其子姚襄降晋，想借晋力以自图发展。晋朝因和桓温互相猜忌，引用了名士殷浩做宰相，想从下流去经略中原。殷浩亦不是没有才能的人，但扬州势成积弱，殷浩出而任事，又没有一个相当的时间以资准备，自然只得就固有的力量加以利用。于是即用姚襄为前锋，反为其所邀击，大败，军资丧失甚众。此事在 354 年。先是桓温已灭前蜀，至此，遂迫胁朝廷，废掉殷浩，他却出兵北伐，击破了姚襄，恢复洛阳，然亦未能再进。慕容俊死后，子慕容暐继之，虽年幼无知，然有慕容恪辅政，慕容垂带兵，仍有相当的力量。姚襄败后入关，为秦人所杀，弟苌以众降秦。秦苻健死后，子生无道，为苻坚所弑，自立，能任用王猛以修国政，其势尤张。此时的北方，已较难图，所以当后赵、冉闵纷纭争夺之时，晋朝实在坐失了一个恢复中原的机会。此时燕人频年出兵，以经略河南，洛阳又为所陷。369 年，桓温出兵伐燕，大败于枋头（城名，今河南濬县）。桓温之意，本来要立些功业，再图篡夺的。至此，自顾北伐已无成功之望，乃于 371 年入朝，行废立之事（康帝崩，子穆帝立。崩，成帝子哀帝立。崩，弟海西公立。至是为桓温所废，而立元帝子简文帝）。温以禅让之意，讽示朝臣。谢安、王坦之当国，持之以静。373 年，桓温死。他的兄弟桓冲，是个没有野心的人，把荆州让出，政局乃获暂安。

第十七讲

五胡之乱（下）

东晋时的五胡十六国，实在并不成其为一个国家，所以其根基并不稳固。看似声势雄张，只是没有遇见强敌，一战而败，遂可以至于覆亡。枋头战后，慕容垂因被猜忌出奔。前秦乘机举兵，其明年，前燕竟为所灭。前秦又灭掉前凉，又有统一北方之势，然其根基亦并不是稳固的。此时北方的汉族，因为没有政府的领导，虽有强宗巨室和较有才力的人，能保据一隅，或者潜伏山泽，终产生不出一个强大的政权来，少数的五胡，遂得横行无忌。然他们亦是人各有心，而且野蛮成习，颇难于统驭的。五胡中苟有英明的酋长出来，亦只得希望汉族拥戴他，和他一心，要联合许多异族以制汉族，根本上是没有这回事的。若要专恃本族，而把汉族以外的异族铲除，则（一）因限于实力，（二）则汉族此时，并不肯替此等异族出死力，而此等异族，性本蛮悍，加以志在掠夺，用之为兵，似乎颇为适宜，所以习惯上都是靠他们做主力的军队，尽数剪除，未免削弱兵力，所以其势又办不到。苻坚的政策，是把氐人散布四方，行驻防政策，而将其余被征服的异族置之肘腋之下，以便监制。倘使他的威力，能够始终维持，原亦未为非计。然若一朝失足，则氐人散处四方，不能聚集，无复基本队伍，就糟了。所以当时，苻坚要想伐晋以图混一，他手下的稳健派，如王猛，如其兄弟苻融等，都是反对的。而苻坚志得意满，违众举兵，遂以383年大败于淝水。北方异族，乘机纷纷而起。而慕容垂据河北为后燕，姚苌据关中为后秦。苻坚于385年为姚苌所杀。子丕，族子登，相继自立，至394年，卒为姚苌之子姚兴所灭。此时侵入中原的五胡，已成强弩之末。因为频年攻战，死亡甚多，人口减少，而汉族的同化作用，仍在逐渐进行，战斗力也日益衰弱。其仍居塞外的，却比较气完力厚。此等情势，自公元四世纪末，夏及拓跋魏之兴，至六世纪前半尔朱氏、宇文氏等侵入中原，迄未曾变。自遭冉闵的大屠戮后，胡、羯之势，业已不能复振。只有匈奴铁弗氏，根据地在新兴（今山西忻县），还是一个比较完整的部落。拓跋氏自托于黄帝之后，说其初建国北荒，后来南迁大泽，因其地“昏冥沮洳”，乃再南迁至匈奴故地。自托于黄帝之后，自不足信，其起源发迹之地，该不是骗人的。它大约自西伯利亚迁徙到外蒙古，又逐渐迁徙到内蒙古的。晋初，其根据地在上谷之北，今滦河上源之西。刘琨借其兵力以御匈奴，畀以雁门关以北之地。拓跋氏就据有平城，东至今察哈尔的西部。这时候，自辽东至今热河东部，都是慕容氏的势力范围。其西为宇文氏，再西就是拓跋氏。慕容氏盛时，宇文氏受其压迫，未能自强，拓跋氏却不然。拓跋氏和匈奴铁弗氏是世仇。苻坚时，拓跋氏内乱，铁弗的酋长刘卫辰引秦兵把他打破。苻坚即使刘卫辰和其族人刘库仁分管其部落。刘库仁是拓跋氏的女婿，反保护其遗裔拓跋珪。其时塞外，从阴山至贺兰山，零星部落极多，拓跋珪年长后，逐渐加以征服，势力复张。刘卫辰为其所灭，其子勃勃奔后秦，姚兴使其守御北边，勃勃遂叛后秦自立。后秦屡为所败，国势益衰。395 年，慕容垂之子宝伐后魏，大败于参合陂（今山西阳高县）。明年，慕容垂自将伐魏。魏人退出平城，以避其锋。慕容垂入平城，而实无所得。还至参合陂，见前此战败时的尸骸，堆积如山，军中哭声振天，惭愤而死。慕容宝继立。拓跋珪大举来攻，势如排山倒海。慕容宝弃其都城中山，逃到龙城，被弑。少子盛定乱自立，旋亦被弑。弟熙立，因淫虐，为其将冯跋所篡，是为北燕。其宗族慕容德南走广固（今山东益都县西），自立，是为南燕。拓跋珪服寒食散，散发不能治事，不复出兵。北方形势，又暂告安静。

南方当这时候，却产生出一种新势力来。晋朝从东渡以后，长江上流的形势，迄较下流为强，以致内外相持，坐视北方的丧乱而不能乘。当淝水战前六年，谢玄镇广陵（今江苏江都县），才创立一支北府兵，精锐无匹，而刘牢之为这一支军队的领袖。淝水之战，就是倚以制胜的。下流的形势，至此实已较上流为强。东晋孝武帝，是一个昏聩糊涂的人。始而信任琅邪王道子，后来又猜忌他，使王恭镇京口（今江苏镇江），殷仲堪镇江陵以防之。慕容垂死的一年，孝武帝也死了，子安帝立。398 年，王恭、殷仲堪同时举兵。道子嗜酒昏愚，而其世子元显，年少有些才气，使人勾结刘牢之倒戈，王恭被杀。而上流之兵已逼，牢之不肯再战。殷仲堪并不会用兵，军事都是委任南郡相杨佺期的（南郡，治江陵）。而桓温的小儿子桓玄在荆州，仍有势力，此时亦在军中。晋朝乃以杨佺期刺雍州，桓玄刺江州，各给了一个地盘，上流之兵才退。后来殷仲堪和杨佺期，都给桓玄所并。402 年，元显乘荆州饥馑，举兵伐玄，刘牢之又倒戈，桓玄入京城，元显和道子都被杀。桓玄是个狂妄的人，得志之后，夺掉了刘牢之的兵权，牢之谋反抗，而手下的人，不满他的屡次倒戈，不肯服从，牢之自缢而死。桓玄以为天下无事了，就废安帝自立。然刘牢之虽死，北府兵中人物尚多。404 年，刘裕等起兵讨玄，玄遂败死。安帝复位。刘裕入居中央，掌握政权，一时的功臣，都分布州郡，南方的形势一变。

409年，刘裕出兵灭南燕。想要停镇下邳，经营河、洛，而后方又有变故。先是399年，孙恩起兵会稽（今浙江绍兴），剽掠沿海。后为刘牢之及刘裕所破，入海岛而死。其党卢循袭据广州。桓玄不能讨，用为刺史。卢循又以其妹夫徐道覆为始兴相（今广东曲江县）。刘裕北伐时，卢循、徐道覆乘机北出，沿江而下，直逼京城。此时情势确甚危急。刘裕速回兵，以疲敝之众，守住京城。卢循、徐道覆不能克，退回上流，为裕所袭败。裕又遣兵从海道袭据广州，把他们打平。刘裕于是剪除异己。至417年，复大举以灭后秦。此时后魏正值中衰；凉州一隅，自前秦亡后，复四分五裂，然其中并无强大之国（氐酋吕光，为苻坚将，定西域。苻坚败后，据姑臧自立，是为后凉。后匈奴酋沮渠蒙逊据张掖叛之，为北凉。汉族李暠据敦煌，为西凉。鲜卑秃发乌孤据乐都为南凉。后凉之地遂分裂。又有鲜卑乞伏国仁，据陇右，为西秦。后凉为后秦所灭。西凉为北凉所灭。南凉为西秦所灭。西秦为夏所灭。北凉为后魏所灭。姑臧，今甘肃武威县。张掖、敦煌，今县皆同名。乐都，今碾伯县。西秦初居勇士川，在今甘肃金县，后徙苑川，在今甘肃靖远县）；夏虽有剽悍之气，究系偏隅小国；倘使刘裕能在关中驻扎几年，扩清扫荡之效，是可以预期的，则当南北朝分立之初，海内即可有统一之望，以后一百七十年的分裂之祸，可以免除了。然旧时的英雄，大抵未尝学问。个人权势意气之争，重于为国为民之念。以致同时并起，资望相等的人物，往往不能相容，而要互相剪灭，这个实在使人才受到一个很大的损失。刘裕亦是如此，到灭秦时，同起义兵诸人，都已被剪除尽了。手下虽有几个勇将，资格都是相等的，谁亦不能统率谁。而刘裕后方的机要事务，全是交给一个心腹刘穆之的，这时候，刘穆之忽然死了，刘裕放心不下，只得弃关中而归，留一个小儿子义真，以镇守长安。诸将心力不齐，长安遂为夏所陷。刘裕登城北望，流涕而已。内部的矛盾，影响到对外，真可谓深刻极了。420年，刘裕篡晋，是为宋武帝。三年而崩。子少帝立，为宰相徐羡之等所废，迎立其弟文帝。文帝亦是个中主，然无武略，而功臣宿将，亦垂垂向尽。自北府兵创立至此，不足五十年，南方新兴的一种中心势力，复见衰颓。北魏拓跋珪自立，是为道武帝。道武帝末年，势颇不振。子明元帝，亦仅谨守河北。明元帝死，子太武帝立，复强。公元 431 年，灭夏。436 年，灭燕。凉州之地，亦皆为其所吞并。天下遂分为南北朝。

第十八讲

南北朝的始末

南北朝的对立，起于公元420年宋之代晋，终于公元589年隋之灭陈，共一百七十年。其间南北的强弱，以宋文帝的北伐失败及侯景的乱梁为两个重要关键。南朝的治世，只有宋文帝和梁武帝在位时，历时较久。北方的文野，以孝文的南迁为界限，其治乱则以尔朱氏的侵入为关键。自尔朱氏、宇文氏等相继失败后，五胡之族，都力尽而衰，中国就复见盛运了。

宋文帝即位后，把参与废立之谋的徐羡之、傅亮、谢晦等都诛灭。初与其谋而后来反正的檀道济，后亦被杀。于是武帝手里的谋臣勇将，几于靡有孑遗了。历代开国之主，能够戡定大乱、抵御外患的，大抵在政治上、军事上，都有卓绝的天才，此即所谓文武兼资。而其所值的时局，难易各有不同。倘使大难能够及身戡定，则继世者但得守成之主，即可以蒙业而安。如其不然，则非更有文武兼资的人物不可。此等人固不易多得，然人之才力，相去不远，亦不能谓并时必无其人；尤其做一番大事业的人，必有与之相辅之士。倘使政治上无家天下的习惯，开国之主，正可就其中择贤而授，此即儒家禅让的理想，国事实受其益了。无如在政治上，为国为民之义，未能彻底明了，而自封建时代相沿下来的自私其子孙，以及徒效忠于豢养自己的主人的观念，未能打破，而君主时代所谓继承之法，遂因之而立。而权利和意气，都是人所不能不争的，尤其以英雄为甚。同干一番事业的人，遂至不能互相辅助，反要互相残杀。其成功的一个人，传之于其子孙，则都是生长于富贵之中的，好者仅得中主，坏的并不免荒淫昏暴，或者懦弱无用。前人的功业，遂至付诸流水，而国与民亦受其弊。这亦不能不说是文化上的一个病态了。

宋初虽失关中，然现在的河南、山东，还是中国之地。宋武帝死后，魏人乘丧南伐，取青、兖、司、豫四州（时青州治广固，兖州治滑台，司州治虎牢，豫州治睢阳。滑台，今河南滑县。虎牢，今河南汜水县。睢阳，今河南商丘县）。此时的魏人，还是游牧民族性质，其文化殊不足观，然其新兴的剽悍之气，却亦未可轻视，而文帝失之于轻敌。430年，遣将北伐，魏人敛兵河北以避之，宋朝得了虎牢、滑台而不能继续进取，兵力并不足坚守。至冬，魏人大举南下，所得之地复失。文帝经营累年，至450年，又大举北伐。然兵皆白丁，将非材勇，甫进即退。魏太武帝反乘机南伐，至于瓜步（镇名，今江苏六合县），所过之处，赤地无余，至于燕归巢于林木，元嘉之世，本来称为南朝富庶的时代的，经此一役，就元气大伤了，而北强南弱之势，亦于是乎形成。

公元453年，宋文帝为其子劭所弑。劭弟孝武帝，定乱自立。死后，子前废帝无道，为孝武弟明帝所废。孝武帝和明帝都很猜忌，专以屠戮宗室为务。明帝死后，大权遂为萧道成所窃。荆州的沈攸之和宰相袁粲，先后谋诛之，都不克。明帝子后废帝及顺帝，都为其所废。479年，道成遂篡宋自立，

宋文帝。

陈武帝。

是为齐高帝。在位四年。子武帝，在位十一年。高、武二帝，都很节俭，政治较称清明。武帝太子早卒，立大孙郁林王，为武帝兄子明帝所废。明帝大杀高、武二帝子孙。明帝死后，子东昏侯立。时梁武帝萧衍刺雍州，其兄萧懿刺豫州。梁武帝兄弟，本与齐明帝同党。其时江州刺史陈显达造反，东昏侯使宿将崔慧景讨平之。慧景还兵攻帝，势甚危急，萧懿发兵入援，把他打平。东昏侯反把萧懿杀掉，又想削掉萧衍。东昏侯之弟宝融，时镇荆州，东昏侯使就其长史萧颖胄图之。颖胄奉宝融举兵，以梁武帝为前锋。兵至京城，东昏侯为其下所弑。宝融立，是为和帝。旋传位于梁，此事在502年。

梁武帝在位四十八年，其早年政治颇清明。自宋明帝时，和北魏交兵，尽失淮北之地。齐明帝时又失沔北。东昏侯时，因豫州刺史裴叔业降魏，并失淮南（时豫州治寿阳，今安徽寿县）。梁武帝时，大破魏兵于锺离（在今安徽凤阳县），恢复了豫州之地。对外的形势，也总算稳定。然梁武性好佛法，晚年刑政殊废弛。又因太子统早卒，不立嫡孙而立次子简文帝为太子，心不

梁武帝真像。

自安，使统诸子出刺大郡，又使自己的儿子出刺诸郡，以与之相参。彼此乖离，已经酝酿着一个不安的形势。而北方侯景之乱，又适于此时发作。

北魏太武帝，虽因割据诸国的不振，南朝的无力恢复，侥幸占据了北方，然其根本之地，实在平城，其视中国，不过一片可以榨取利益之地而已。他还不能自视为和中国一体，所以也不再图南侵。因为其所有的，业已不易消化了。反之，平城附近，为其立国根本之地，却不可不严加维护。所以魏太武帝要出兵征伐柔然、高车，且于北边设立六镇（武川，今绥远武川县。抚冥，在武川东。怀朔，在今绥远五原县。怀荒，在今大同东北察哈尔境内。柔玄，在今察哈尔兴和县。御夷，在今察哈尔沽源县），盛简亲贤，配以高门子弟，以厚其兵力。

孝文帝是后魏一个杰出人物。他仰慕中国的文化，一意要改革旧俗。但在平城，终觉得环境不甚适宜。乃于公元493年，迁都洛阳。断北语，改姓氏，禁胡服，奖励鲜卑人和汉人通婚，自此以后，鲜卑人就渐和汉人同化了。然其根本上的毛病，即以征服民族自居，视榨取被征服民族以供享用为当然之事，因而日入于骄奢淫逸，这是不能因文明程度的增进而改变的，而且因为环境的不同，其流于骄奢淫逸更易。论者因见历来的游牧民族同化于汉族之后，即要流于骄奢淫逸，以致失其战斗之力，以为这是中国的文明害了他，摹仿了中国的文明，同时亦传染了中国的文明病；其实他们骄奢淫逸的物质条件，是中国人供给他们的，骄奢淫逸的意志，却是他们所自有；而这种意志，又是与其侵略事业，同时并存的，因为他们的侵略，就是他们的生产事业。如此，所以像金世宗等，要禁止他的本族人华化，根本是不可能的。因为不华化，就是要一切生活都照旧，那等于只生产而不消费，经济学上最后的目的安在呢？所以以骄奢淫逸而灭亡，殆为野蛮的侵略民族必然的命运。后魏当日，便是如此。

孝文帝传子宣武帝至孝明帝。年幼，太后胡氏临朝。荒淫纵恣，把野蛮民族的病态，悉数现出。中原之民，苦于横征暴敛，群起叛乱。而六镇将士，因南迁以后，待遇不如旧时，魏朝又怕兵力衰颓，禁其浮游在外，亦激而生变。有一个部落酋长，唤作尔朱荣，起而加以镇定。尔朱氏是不曾侵入中原的部族，还保持着犷悍之风。胡太后初为其亲信元义等所囚，后和明帝合谋，把他们诛灭。又和明帝不协。明帝召尔朱荣入清君侧，已而又止之。胡太后惧，弑明帝。尔朱荣举兵入洛，杀胡太后而立孝庄帝。其部众既劲健，而其用兵亦颇有天才。中原的叛乱，都给他镇定了。然其人起于塞外，缺乏政治手腕，以为只要靠兵力屠杀，就可以把人压服。当其入洛之日，就想做皇帝，乃纵兵士围杀朝士二千余人。居民惊惧，逃入山中，洛阳只剩得一座空城。尔朱荣无可如何，只得退居晋阳，遥执朝权。然其篡谋仍不息。孝庄帝无拳无勇，乃利用宣传为防御的工具。当尔朱荣篡谋急时，孝庄帝就散布他要进京的消息，百姓就逃走一空，尔朱荣只得自止。到后来，看看终非此等手段所能有济了，530年，乃索性召他入朝。孝庄帝自藏兵器于衣内，把他刺死。其侄儿尔朱兆，举兵弑帝，别立一君。此时尔朱氏的宗族，分居重镇，其势力如日中天。然尔朱兆是个鲁莽之夫，其宗族中人，亦与之不协。532年，其将高欢起兵和尔朱氏相抗。两军相遇于韩陵（山名，在今河南安阳县），论兵力，尔朱氏是远过于高欢，然因其暴虐过甚，高欢手下的人都齐心死战，而尔朱氏却心力不齐，遂至大败。晋阳失陷，尔朱兆逃至秀容川（在今山西朔县），为高欢所掩杀。其余尔朱氏诸人亦都被扑灭。高欢入洛，废尔朱氏所立，而别立孝武帝。高欢身居晋阳，继承了尔朱荣的地位。孝武帝用贺拔岳为关中大行台，图与高欢相抗。高欢使其党秦州刺史侯莫陈悦杀岳（秦州，今甘肃天水县）。夏州刺史宇文泰攻杀悦（夏州，今陕西横山县），孝武帝即以泰继岳之任。534年，

陈文帝。

陈宣帝。

孝武帝举兵讨欢，高欢亦自晋阳南下，夹河而军，孝武帝不敢战，奔关中，为宇文泰所弑。于是高欢、宇文泰，各立一君，魏遂分为东、西。至 550 年，而东魏为高欢子洋所篡，是为北齐文宣帝。557 年，西魏为宇文泰之子觉所篡，是为北周孝闵帝。

当东、西魏分裂后，高欢、宇文泰曾剧战十余年，彼此都不能逞志，而其患顾中于梁。这时候，北方承剧战之后，兵力颇强，而南方武备久废弛，欲谋恢复，实非其时，而梁武帝年老昏耄，却想乘机侥幸，其祸就不可免了。高欢以 547 年死。其将侯景，是专管河南的，虽然野蛮粗鲁，在是时北方诸将中，已经算是狡黠的了。高欢死后，其子高澄，嗣为魏相。侯景不服，遂举其所管之地来降。梁武帝使子渊明往援，为魏所败，渊明被擒。侯景逃入梁境，袭据寿阳，梁朝不能制。旋又中魏人反间之计，想牺牲侯景，与魏言和。侯景遂反，进陷台城（南朝之宫城），梁武帝忧愤而崩，时为549年。子简文帝立，551年，为侯景所弑。武帝子湘东王绎即位于江陵，是为元帝。时陈武帝陈霸先自岭南起兵勤王。元帝使其与王僧辩分道东下，把侯景诛灭。先是元帝与诸王，互相攻击。郢州的邵陵王纶（郢州，今湖北武昌县。纶，武帝子），湘州的河东王誉（誉、詧皆昭明太子统之子），皆为所并。襄阳的岳阳王詧，则因求救于西魏而得免。至元帝即位后，武陵王纪亦称帝于成都（纪，武帝子），举兵东下。元帝亦求救于西魏，西魏袭陷成都。武陵王前后受敌，遂败死。而元帝又与西魏失和。554年，西魏陷江陵，元帝被害。魏人徙岳阳王詧于江陵，使之称帝，而对魏则称臣，是为西梁。王僧辩、陈霸先立元帝之子方智于建康，是为敬帝。而北齐又送渊明回国，王僧辩战败，遂迎立之。陈霸先讨杀僧辩，奉敬帝复位。557年，遂禅位于陈。这时候，梁朝骨肉相残，各引异族为助，南朝几至不国。幸得陈武帝智勇足备，卓然不屈，才得替汉族保存了江南之地。

陈武帝即位后三年而崩。无子，传兄子文帝。文帝死后，弟宣帝，废其子废帝而代之。文、宣二帝，亦可称中主，但南方当丧乱之余，内部又多反侧，所以不能自振。北方则北齐文宣、武成二帝，均极荒淫。武成帝之子纬，尤为奢纵。而北周武帝，颇能励精图治。至577年，齐遂为周所灭。明年，武帝死，子宣帝立，又荒淫。传位于子静帝，大权遂入后父杨坚之手。581年，坚废静帝自立，是为隋文帝。高齐虽自称是汉族，然其性质实在是胡化了的。隋文帝则勤政恤民，俭于自奉，的确是代表了汉族的文化。自西晋覆亡以来，北方至此才复建立汉人统一的政权。此时南方的陈后主，亦极荒淫。589年，为隋所灭。西梁则前两年已被灭。天下复见统一。

两晋、南北朝之世，是向来被看作黑暗时代的，其实亦不尽然。这一时代，只政治上稍形黑暗，社会的文化，还是依然如故。而且正因时局的动荡，而文化乃得为更大的发展。其中关系最大的，便是黄河流域文明程度最高的地方的民族，分向各方面迁移。《汉书·地理志》叙述楚地的生活情形，还说江南之俗，火耕水耨，果蓏蠃蛤，饮食还足，故呰窳媮生，而无积聚。而《宋书·孔季恭传》叙述荆、扬二州的富力，却是“膏腴上地，亩直一金，鄠、杜之间不能比”（鄠，今陕西鄠县；杜，在今陕西长安县南，汉时农业盛地价高之处）；又说：“鱼、盐、杞、梓之利，充仞八方，丝棉、布帛之饶，覆衣天下”，成为全国富力的中心了。三国之世，南方的风气，还是很剽悍的，读第十四讲所述可见。而自东晋以来，此种风气，亦潜移默化。谈玄学佛，成为全国文化的重心，这是最彰明较著的。其他东北至辽东，西南至交阯，莫不有中原民族的足迹，其有裨于增进当地的文化，亦决非浅鲜，不过不如长江流域的显著罢了。还有一层，陶潜的《桃花源诗》，大家当他是预言，其实这怕是实事。自东汉之末，至于南北朝之世，北方有所谓“山胡”，南方有所谓“山越”。听了胡、越之名，似乎是异族蛰居山地的，其实不然。试看他们一旦出山，便可和齐民杂居，服兵役，输赋税，决无隔阂，便可知其实非异族，而系汉族避乱入山的。此等避乱入山的异族，为数既众，历时又久，山地为所开辟，异族为所同化的，不知凡几，真是拓殖史上的无名英雄了。以五胡论：固然有荒淫暴虐，如石虎，齐文宣、武成之流的，实亦以能服从汉族文化的居其多数。石勒在兵戈之际，已颇能引用士人，改良政治。苻坚更不必说。慕容氏兴于边徼，亦是能慕效中国的文明的。至北魏孝文帝，则已举其族而自化于汉族。北周用卢辩、苏绰，创立法制，且有为隋、唐所沿袭的。这时候的异族，除血统之外，几乎已经说不出其和汉族的异点了。一到隋唐时代，而所谓五胡，便已泯然无迹，良非偶然。

第十九讲

南北朝隋唐间塞外的形势

葱岭以东，西伯利亚以南，后印度半岛以东北，在历史上实自成其为一个区域。这一个区域中，以中国的产业和文化最为发达，自然成为史事的重心。自秦汉至南北朝，我们可以把它看作一个段落，隋唐以后，却又是一个新段落了。这一个新段落中，初期的形势，乃是从五胡侵入中原以后逐渐酝酿而成的，在隋唐兴起以前，实有加以一番检讨的必要。

漠南北之地，对于中国是一个最大的威胁。继匈奴而居其地的为鲜卑。自五胡乱华以来，鲜卑纷纷侵入中国。依旧保持完整的只有一个拓跋氏，然亦不过在平城附近。自此以东，则有宇文氏的遗落奚、契丹，此时部落尚小。其余的地方都空虚了，铁勒乃乘机入据。铁勒，异译亦作敕勒，即汉时的丁令。其根据地，东起贝加尔湖，西沿西域之北，直抵里海。鲜卑侵入中原后，铁勒踵之而入漠北。后魏道武帝之兴，自阴山以西，漠南零星的部落，几于尽被吞并。

备骑出行图。绘于徐敏行夫妇墓中。徐敏行夫妇墓是于 1976 年在山东嘉祥县英山下发现的。此壁画绘在墓室四壁与门洞内外，有《徐侍郎夫妇宴享行乐图》《徐侍郎出行仪仗图》《徐侍郎夫人出游图》，以及侍卫、门吏诸像。有人物，也有山水。所画人物都用铁线描，平涂颜色。着色以重彩为主，个别处兼施淡彩。这里所选的是《出行图》中四个侍卫像。徐敏行死于隋文帝开皇四年。

只有一个柔然不服，为魏太武帝所破，逃至漠北，臣服铁勒，借其众以抗魏。魏太武帝又出兵把它打破。将降伏的铁勒迁徙到漠南。这一支，历史上特称为高车，其余则仍称铁勒。南北朝末年，柔然又强了。东、西魏和周、齐都竭力敷衍它。后来阿尔泰山附近的突厥强盛。公元552年，柔然为其所破。突厥遂征服漠南北，继承了柔然的地位，依旧受着周、齐的敷衍。

西域对中国，是无甚政治关系的，因为它不能侵略中国，而中国当丧乱之时，亦无暇经营域外之故。两晋、南北朝之世，只有苻坚，曾遣吕光去征伐过一次西域，其余都在平和的状态中。但彼此交通仍不绝。河西一带，商业亦盛，这只要看这一带兼用西域的金银钱可知。西域在这时期，脱离了中国和匈奴的干涉，所以所谓三十六国者，得以互相吞并。到隋唐时，只剩得高昌、焉耆、龟兹、于阗等几个大国。

东北的文明，大略以辽东、西和汉平朝鲜后所设立的四郡为界线。自此以南，为饱受中国文明的貉族。自此以北，则为未开化的满族，汉时称为挹娄，南北朝、隋、唐时称为勿吉，亦作靺鞨。貉族的势力，在前汉时，曾发展到今吉林省的长春附近，建立一个夫余国。后汉时，屡通朝贡。晋初，为鲜卑慕容氏所破，自此渐归澌灭。而辽东、西以北，乃全入鲜卑和靺鞨之手。貉族则专向朝鲜半岛发展，其中一个部落，唤作高句丽的，自中国对东北实力渐衰，遂形成一个独立国。慕容氏侵入中原后，高句丽尽并辽东之地，侵略且及于辽西。其支族又于其南建立一个百济国。半岛南部的三韩，自秦时即有汉人杂居，谓之“秦韩”。后亦自立为国，谓之“新罗”。高句丽最强大，其初新罗、百济，尝联合以御之，后百济转附高句丽，新罗势孤，乃不得不乞援于中国，为隋唐时中国和高句丽、百济构衅的一个原因。

南方海路的交通，益形发达。前后印度及南洋群岛，入贡于中国的很多。中国是时，方热心于佛学，高僧往印度求法，和彼土高僧来中国的亦不少。高句丽、百济，亦自海道通南朝。日本当后汉时，其大酋始自通于中国。至东晋以后，亦时向南朝通贡，传受了许多文明。侯景乱后，百济贡使到建康来，见城阙荒毁，至于号恸涕泣，可见东北诸国，对我感情的深厚了。据阿剌伯[①]人所著的古旅行记，说公元1世纪后半，西亚的海船，才达到交阯。公元1世纪后半，为后汉光武帝至和帝之时。其后桓帝延熹九年，当公元166年，而大秦王安敦(Marcus Aurelius Antoninus，生于公元121年，即后汉安帝建光六年，没于180年，即后汉灵帝光和三年)，遣使自日南徼外通中国，可见这记载的不诬。他又说：公元3世纪中叶，中国商船开始西向，从广州到槟榔屿，4世纪至锡兰，5世纪至亚丁，终至在波斯及美索不达米亚独占商权。到7世纪之末，阿剌伯*人才与之代兴。3世纪中叶，当三国之末；7世纪之末，则当唐武后时。这四百五十年之中，可以说是中国人握有东西洋航权的时代了。至于偶尔的交通所及，则还不止此。据《梁书·诸夷传》：倭东北七千余里有文身国，文身国东五千余里有大汉国，大汉国东二万余里有扶桑国。这扶桑国或说它是现在的库页岛，或说它是美洲的墨西哥，以道里方向核之，似乎后说为近。据《梁书》所载：公元499年，其国有沙门慧深来至荆州；又晋时法显著《佛国记》，载其到印度求法之后，自锡兰东归，行三日而遇大风，十三日到一岛，又九十余日而到耶婆提，自耶婆提东北行，一月余，遇黑风暴雨，凡七十余日，折西北行，十二日而抵长广郡(今山东即墨县)。章炳麟作《法显发现西半球说》，说他九十余日的东行，实陷入太平洋中。耶婆提当在南美。自此向东，又被黑风吹入大西洋中，超过了中国海岸，折向西北，才得归来。衡以里程及时日，说亦可信。法显的东归，在公元416年，比哥伦布的发现美洲要早1077年了。此等偶然的漂泊，和史事是没有多大关系的，除非将来再有发现，知道美洲的开化，中国文化确占其中重要的成分。此时代的关系：在精神方面，自以印度的佛教为最大；在物质方面，则西南洋一带，香药、宝货和棉布等，输入中国的亦颇多。

① 阿剌伯，今译为阿拉伯。

第二十讲

隋朝和唐朝的盛世

北朝的君主，有荒淫暴虐的，也有能励精图治的，前一种代表了胡风，后一种代表了汉化。隋文帝是十足的后一种的典型。他勤于政事，又能躬行节俭。在位时，把北朝的苛捐杂税都除掉，而府库充实，仓储到处丰盈，国计的宽余，实为历代所未有。突厥狃于南北朝末年的积习，求索无厌。中国不能满其欲，则拥护高齐的遗族，和中国为难。文帝决然定计征伐，大破其兵。又离间其西方的达头可汗和其大可汗沙钵略构衅，突厥由是分为东、西。文帝又以宗女妻其东方的突利可汗。其大可汗都蓝怒，攻突利。突利逃奔中国，中国处之夏、胜二州之间（夏州，在今陕西横山县北。胜州，在今绥远鄂尔多斯左翼后旗黄河西岸），赐号为启民可汗。都蓝死，启民因隋援，尽有其众，臣服于隋。从南北朝末期以来畏服北狄的心理，至此一变。

隋文帝时代，中国政局，确是好转了的。但是文化不能一时急转，所以

隋文帝、唐高祖都是“汉化”的代表。由隋至唐，“胡风”逐渐褪去，社会渐渐清明。

还不能没有一些曲折。隋文帝的太子勇，是具有胡化的性质的。其次子炀帝，却又具有南朝君主荒淫猜忌的性质。太子因失欢于文帝后独孤氏被废。炀帝立，以洛阳为东都。开通济渠，使其连接邗沟及江南河。帝乘龙舟，往来于洛阳、江都之间。又使裴矩招致西域诸胡，所过之地，都要大营供帐。又诱西突厥献地，设立西海、河源、鄯善、且末四郡（西海郡，当系青海附近之地。河源郡该在其西南。鄯善、且末，皆汉时西域国名，郡当设于其故地。鄯善国在今罗布泊之南。且末国在车尔成河上），谪罪人以实之。又于611、613、614年，三次发兵伐高句丽，天下骚动，乱者四起。炀帝见中原已乱，无心北归，滞留江都，618年，为其下所弑。其时北方的群雄，以河北的窦建德、河南的李密为最大。

《步辇图》。唐朝画家阎立本名作。现藏于故宫博物院。

而唐高祖李渊，以太原留守，于617年起兵，西据关中，又平定河西、陇右，形势最为完固。炀帝死后，其将王世充拥众北归，据洛阳。李密为其所败，降唐。又出关谋叛，为唐将所击斩。唐兵围洛阳，窦建德来救，唐兵大败擒之，世充亦降。南方割据的，以江陵的萧铣为最大，亦为唐所灭。江、淮之间，有陈稜、李子通、沈法兴、杜伏威等，纷纷而起，后皆并于杜伏威，伏威降唐。北边群雄，依附突厥的，亦次第破灭。隋亡后约十年，而天下复定。

唐朝自称为西凉李暠之后，近人亦有疑其为胡族的，信否可不必论。民族的特征，乃文化而非血统。唐朝除太宗太子承乾具有胡化的性质，因和此时的文化不相容而被废外，其余指不出一些胡化的性质来，其当认为汉民族无疑了。唐朝开国之君虽为高祖，然其事业，实在大部分是太宗做的。天下既定之后，其哥哥太子建成和兄弟齐王元吉，要想谋害他，为太宗所杀。高祖传位于太宗，遂开出公元627年至649年的二十三年间的“贞观之治”。历史上记载他的治绩，至于行千里者不赍粮，断死刑岁仅三十九人，这固然是粉饰之谈，然其时天下有丰乐之实，则必不诬的了。隋唐时的制度，如官制、选举、赋税、兵、刑等，亦都能将前代的制度加以整理。

对外的情势，此时亦开一新纪元。突厥因隋末之乱，复强盛，控弦之士至百万。北边崛起的群雄，都尊奉它，唐高祖初起时亦然，突厥益骄。天下既定，赠遗不能满其欲，就连年入寇，甚至一年三四入，北边几千里，无处不被其患。太宗因其饥馑和属部的离叛，于630年，发兵袭击，擒其颉利可汗。突厥的强盛，本来是靠铁勒归附的。此时铁勒诸部，以薛延陀、回纥为最强。突厥既亡，薛延陀继居其地。644年，太宗又乘其内乱加以剪灭。回纥徙居其地，事中国颇谨。在西域，则太宗曾用兵于高昌及焉耆、龟兹，以龟兹、于阗、焉耆、疏勒之地为四镇。在西南，则绥服了今青海地方的吐谷浑。西藏之地，隋时始有女国和中国往来。唐时，有一个部落，其先该是从印度迁徙到雅鲁藏布江流域的，是为吐蕃。其英主弃宗弄赞，太宗时始和中国交通，尚宗女文成公主，开西藏佛化的先声。太宗又通使于印度。适直其内乱，使者王玄策调吐蕃和泥婆罗的兵，把它打败。而南方海路交通，所至亦甚广。只有高句丽，太宗自将大兵去伐它，仍未能有功。此乃因自晋以来，东北过于空虚，劳师远攻不易之故。直至公元663、668年两年，高宗才乘其内乱，把百济和高句丽先后灭掉。突厥西方的疆域，本来是很广的。其最西的可萨部，已和东罗马相接了。高宗亦因其内乱，把它戡定。分置两个都督府。其所辖的羁縻府、州，西至波斯。唐朝对外的声威，至此可谓达于最高峰了。因国威之遐畅，而我国的文化，和别国的文化，就起了交流互织的作用。东北一隅，自高句丽、百济平后，新罗即大注意于增进文化。日本亦屡遣通唐使，带了许多僧侣和留学生来。朝鲜半岛南部和日本的举国华化，实在此时。其余波且及于满族。公元7世纪末年，遂有渤海国的建立，一切制度，都以中国为模范。南方虽是佛化盛行之地，然安南在此时，仍为中国的郡县，替中国在南方留了一个文化的据点。西方则大食帝国勃兴于此时，其疆域东至葱岭。大食在文化上实在是继承古希腊，而为欧洲近世的再兴导其先路的。中国和大食，政治上无甚接触，而在文化上则彼此颇有关系。回教的经典和历数等知识，都早经输入中国。就是末尼教和基督教，也是受了回教的压迫，才传播到东方来的。而称为欧洲近世文明之源的印刷术、罗盘针、火药，亦都经中国人直接传入回教国，再经回教国人之手，传入欧洲。

第二十一讲

唐朝的中衰

唐朝对外的威力，以高宗时为极盛，然其衰机亦肇于是时。高宗的性质，是失之于柔懦的。他即位之初，还能遵守太宗的成规，所以永徽之政，史称其比美贞观。公元655年，高宗惑于才人武氏，废皇后王氏而立之。武后本有政治上的才能，高宗又因风眩之故，委任于她，政权遂渐入其手。高句丽、百济及西突厥，虽于此时平定，而吐蕃渐强。吐谷浑为其所破，西域四镇，亦被其攻陷，唐朝的外患，于是开始。683年，高宗崩，子中宗立。明年，即为武后所废，徙之房州(今湖北竹山县)，立其弟豫王旦(即后来的睿宗)。690年，又废之，改国号为周，自称则天皇帝。后以宰相狄仁杰之言，召回中宗，立为太子。705年，宰相张柬之等乘武后卧病，结宿卫将，奉中宗复位。自武后废中宗执掌政权至此，凡二十二年，若并其为皇后时计之，则达五十五年之久。武后虽有才能，可是宅心不正。她是一种只计维持自己的权势地位，而不顾大局的政治家。当其握有政权之时，滥用禄位，以收买人心；又任用酷吏，严刑峻法，以威吓异己的人，而防其反动；骄奢淫逸的事情，更不知凡几，以致政治大乱。突厥余众复强，其默啜可汗公然雄踞漠南北，和中国对抗。甚至大举入河北，残数十州县。契丹酋长李尽忠，亦一度入犯河北，中国不能讨，幸其为默啜所袭杀，乱乃定。因契丹的反叛，居于营州的靺鞨（营州，今热河朝阳县，为唐时管理东北异族的机关），就逃到东北，建立了一个渤海国。此为满族开化之始，中国对东北的声威，却因此失坠了。设在今朝鲜平壤地方的安东都护府，后亦因此不能维持，而移于辽东。高句丽、百济旧地，遂全入新罗之手。西南方面，西域四镇，虽经恢复，青海方面对吐蕃的战事，却屡次失利。中宗是个昏庸之主，他在房州，虽备尝艰苦，复位之后，却毫无觉悟，并不能铲除武后时的恶势力。皇后韦氏专权，和武后的侄儿子武三思私通，武氏因此复盛。张柬之等反遭贬谪而死。韦后的女儿安乐公主，中宗的婕妤上官婉儿，亦都干乱政治。政界情形的混浊，更甚于武后之时。710年，中宗为韦后所弑。相王旦之子临淄王隆基定乱而立相王，是为

武则天。

狄仁杰。

唐玄宗。

睿宗。立隆基为太子。武后的女儿太平公主仍干政，惮太子英明，要想摇动他。幸而未能有成，太平公主被谪，睿宗亦传位于太子，是为玄宗。玄宗用姚崇为相，廓清从武后以来的积弊。又用宋璟及张九龄，亦都称为能持正。自713至741年，史家称为开元之治。末年，突厥复衰乱，744年，乘机灭之；连年和吐蕃苦战，把中宗时所失的河西九曲之地亦收复，国威似乎复振。然自武后已来，荒淫奢侈之习，渐染已深。玄宗初年，虽能在政治上略加整顿，实亦堕入其中而不能自拔。中岁以后，遂渐即怠荒。宠爱杨贵妃，把政事都交给一个奸佞的李林甫。李林甫死后，又用一个善于夤缘的杨国忠。天宝之乱，就无可遏止了。一个团体，积弊深的，往往无可挽回，这大约是历时已久的皇室，必要被推翻的一个原因罢。

唐朝的盛衰，以安史之乱为关键。安史之乱，皇室的腐败只是一个诱因，其根源是别有所在的。（一）唐朝的武功从表面看，虽和汉朝相等，其声威所至，或且超过汉朝，但此乃世运进步使然，以经营域外的实力论，唐朝实非汉朝之比。汉武帝时，攻击匈奴，前后凡数十次；以至征伐大宛，救护乌孙，都是仗自己的实力去摧破强敌。唐朝的征服突厥、薛延陀等，则多因利乘便，且对外多用番兵。玄宗时，府兵制度业已废坏，而吐蕃、突厥都强，契丹势亦渐盛。欲图控制、守御，都不得不加重边兵，所谓藩镇，遂兴起于此时，天下势成偏重。（二）胡字本是匈奴的专称，后渐移于一切北族。再后，又因文化的异同易泯，种族的外观难改，遂移为西域白种人的专称（详见拙著《胡考》，在《燕石札记》中，商务印书馆本）。西域人的文明程度，远较北族为高。他们和中国，没有直接的政治关系，所以不受注意。然虽无直接的政治关系，间接的政治关系却是有的，而且其作用颇大。从来北族的盛衰，往往和西胡有关涉。冉闵大诛胡、羯时，史称高鼻多须，颇有滥死，可见此时之胡，已非尽匈奴人。拓跋魏占据北方后，有一个盖吴，起而与之相抗，一时声势很盛，盖吴实在是个胡人（事在公元446年，即宋文帝元嘉二十三年，魏太武帝太平真君七年。见《魏书·本纪》和《宋书·索虏传》）。唐玄宗时，北边有康待宾、康愿子相继造反，牵动颇广（事在公元721、722年，即玄宗开元九年、十年），康亦是西域姓。突厥颉利的衰亡，史称其信任诸胡，疏远宗族，后来回纥的灭亡亦然，可见他们的沉溺于物质的享受，以致渐失其武健之风，还不尽由于中国的渐染。从反面看，就知道他们的进于盛强，如物质文明的进步，政治、军事组织的改良等，亦必有受教于西胡的了。唐朝对待被征服的异族，亦和汉朝不同。汉朝多使之入居塞内，唐朝则仍留之于塞外，而设立都护府或都督府去管理它。所以唐朝所征服的异族虽多，未曾引起像五胡乱华一般的杂居内地的异族之患。然环伺塞外的异族既多，当其种类昌炽，而中国政治力量减退时，就不免有被其侵入的危险了。唐末的沙陀，五代时的契丹，其侵入中国，实在都是这一种性质，而安史之乱，就是一个先期的警告。安禄山，《唐书》说他是营州柳城胡。他本姓康，随母嫁虏将安延偃，因冒姓安。安、康都是西域姓。史思明，《唐书》虽说他是突厥种，然其状貌，“鸢肩伛背，廞目侧鼻”，怕亦是一个混血儿。安禄山和史思明，都能通六番译，为互市郎，可见其兼具西胡和北族两种性质。任用番将，本是唐朝的习惯，安禄山遂以一身而兼做了范阳、平卢两镇的节度使（平卢军，治营州。范阳军，治幽州，今北平）。此时安禄山的主要任务，为镇压奚、契丹，他就收用其壮士，名之曰曳落河。其军队在当时藩镇之中，大约最为剽悍。目睹玄宗晚年政治腐败，内地守备空虚，遂起觊觎之念。并又求为河东节度使。755 年，自范阳举兵反。不一月而河北失陷，河南继之，潼关亦不守，玄宗逃向成都。于路留太子讨贼，太子西北走向灵州（灵州，治今宁夏灵武县），即位，是为肃宗。安禄山虽有强兵，却无政治方略，诸将亦都有勇无谋，既得长安之后，不能再行进取。朔方节度使郭子仪（朔方军，治灵州），乃得先平河东，就借回纥的兵力，收

李光弼。

郭子仪。

复两京（长安、洛阳）。安禄山为其子庆绪所杀。九节度之师围庆绪于邺。因号令不一，久而无功。史思明既降复叛，自范阳来救，九节度之师大溃。思明杀庆绪，复陷东京。李光弼与之相持。思明又为其子朝义所杀。唐朝乃得再借回纥之力，将其打平。此事在 762 年。其时肃宗已死，是代宗的元年了。安史之乱首尾不过八年，然对外的威力自此大衰，内治亦陷于紊乱，唐朝就日入于衰运了。

第二十二讲

唐朝的衰亡和沙陀的侵入

自从公元755年安史之乱起，直到公元907年朱全忠篡位为止，唐朝一共还有了一百五十三年的天下。在这一个时期中，表面上还维持着统一，对外的威风亦未至于全然失坠，然而自大体言之，则终于日入于衰乱而不能够复振了。

因安史之乱而直接引起的，是藩镇的跋扈。唐朝此时，兵力不足，平定安史，颇借回纥的助力。铁勒仆骨部人仆固怀恩，于引用回纥颇有功劳，亦有相当的战功。军事是要威克厥爱的，一个战将，没有人能够使之畏服，便不免要流于骄横，何况他还是一个番将呢？他要养寇自重，于是昭义、成德、天雄、卢龙诸镇（昭义军，治相州，今河南安阳县。成德军，治恒州，今河北正定县。天雄军，治魏州，今河北大名县。卢龙军，即范阳军），均为安、史遗孽所据，名义上虽投降朝廷，实则不奉朝廷的命令。唐朝自己所设的节度使，也有想学他们的样子，而且有和他们互相结托的。

次之则为外患的复兴。自玄宗再灭突厥后，回纥占据其地。因有助平安、史之功，骄横不堪。而吐蕃亦乘中国守备空虚，尽陷河西、陇右，患遂中于京畿。又云南的南诏（诏为蛮语王之称，当时，今云南、西康境有六诏：曰蒙嶲诏，在今西康西昌县。曰越析诏，亦称磨些诏，在今云南丽江县。曰浪穹诏，在今云南洱源县。曰邆睒诏，在今云南邓川县。曰施浪诏，在洱源县之东。曰蒙舍诏，在今云南蒙化县。地居最南，亦称南诏。余五诏皆为所并），天宝时，杨国忠与之构兵，南诏遂投降吐蕃，共为边患，患又中于西川。

公元779年，代宗崩，子德宗立，颇思振作。此时昭义已为天雄所并，卢龙亦因易帅恭顺朝廷，德宗遂因成德的不肯受代，发兵攻讨。成德和天雄、平卢连兵拒命。山南东道（治襄州，今湖北襄阳县）亦叛与相应，德宗命淮西军讨平之（淮西军，治蔡州，今河南汝南县）。攻三镇未克，而淮西、卢龙复叛，再发泾原兵东讨（泾原军，治泾州，今甘肃泾川县），过京师，因赏赐菲薄作乱。德宗出奔奉天（唐县，今山西武功县）。乱军奉朱泚为主，大举进攻。幸得浑瑊力战，河中李怀光入援（河中军，治蒲州，今山西永济县），奉天才未被攻破。而李怀光因和宰相卢杞不合，又反。德宗再逃到梁州（今陕西南郑县），听了陆贽的话，赦诸镇的罪，专讨朱泚，才得将京城收复。旋又打平了河中。然其余的事，就只好置诸不问了。德宗因屡遭叛变，不敢相信臣下。回京之后，使宦官带领神策军。这时候，神策军饷糈优厚，诸将多自愿隶属，兵数骤增至十五万，宦官就从此握权。805年，德宗崩，子顺宗立。顺宗在东宫时，即深知宦官之弊。即位后，用东宫旧臣王叔文等，想要除去宦官。然顺宗在位仅八个月，即传位于子宪宗，王叔文等都遭斥逐，其系为宦官所逼，不言而喻了。宪宗任用裴度，削平了淮西，河北三镇亦惧而听命，实为中央挽回威信的一个良机。然宪宗死后，穆宗即位，宰相以为河北已无问题，对善后事宜，失于措置，河北三镇，遂至复叛，终唐之世，不能削平了。穆宗崩，敬宗立，为宦官刘克明所弑。宦官王守澄讨贼而立文宗。文宗初用宋申锡为宰相，与之谋诛宦官，不克。后又不次擢用李训、郑注，把王守澄毒死。郑注出镇凤翔（凤翔军，治凤翔府，今陕西凤翔县），想选精兵进京送王守澄葬，因此把宦官尽数杀掉。不知何故，李训在京城里，又诈称某处有甘露降，想派宦官往看，因而杀掉他们。事机不密，反为宦官所杀。郑注在凤翔，亦被监军杀掉。文宗自此受制于宦官，几同傀儡。相传这时候，有一个翰林学士，唤作崔慎由，曾缘夜被召入宫，有一班宦官，以仇士良为首，诈传皇太后的意旨，要他拟废掉文宗的诏书。崔慎由誓死不肯，宦官默然良久，乃开了后门，把崔慎由引到一个小殿里。文宗正在殿上，宦官就当面数说他，文宗低头不敢开口。宦官道："不是为了学士，你就不能再坐这宝位了。"于是放崔慎由出宫，叮嘱他不许泄漏，泄漏了是要祸及宗族的。崔慎由虽然不敢泄漏，却把这件事情密记下来，临死时交给他的儿子。他的儿子便是唐末的宰相崔胤。文宗死后，弟武宗靠着仇士良之力，杀太子而自立。武宗能任用李德裕，政治尚称清明。宣宗立，尤能勤于政事，人称之为小太宗。然于宦官，亦都无可如何。宣宗死后，子懿宗立。886 年，徐、泗卒戍桂州者作乱（徐州，今江苏铜山县。泗州，今安徽泗县。桂州，今广西桂林县），用沙陀兵讨平之，沙陀入据中原之祸，遂于是乎开始。

唐朝中叶后的外患，最严重的是回纥、吐蕃，次之则南诏。南诏的归服吐蕃，本出于不得已，吐蕃待之亦甚酷。9 世纪初，韦皋为西川节度使，乃与之言和，共击吐蕃，西南的边患，才算解除（西川军，治成都，今四川成都县。后来南诏仍有犯西川之事，并曾侵犯安南，但其性质，不如和吐蕃结合时严重）。840 年，回纥为黠戛斯所破，遽尔崩溃。吐蕃旋亦内乱。849 年，中国遂克复河、湟，河西之地亦来归。三垂的外患，都算靠天幸解除了。然自身的纲纪不振，沙陀突厥遂至能以一个残破的部落而横行中国。

沙陀是西突厥的别部，名为处月（朱邪，即处月之异译）。西突厥亡后，依北庭都护府以居（今新疆迪化县）。其地有大碛名沙陀，故称为沙陀突厥。河西、陇右既陷，安西、北庭（安西都护府，治龟兹），朝贡路决，假道回纥，才得通到长安。回纥因此需索无厌。沙陀苦之，密引吐蕃陷北庭。久之，吐蕃又疑其暗通回纥，想把它迁到河外。沙陀乃又投奔中国。吐蕃追之，且战且走。三万部落之众，只剩得两千到灵州。节度使范希朝以闻，诏处其众于盐州（今宁夏盐池县北）。后来范希朝移镇河东（治太原府，今山西太原县），沙陀又随往，居于现在山阴县北的黄瓜堆。希朝简其精锐的为沙陀军。沙陀虽号称突厥，其形状，据史籍所载，亦是属于白种人的。既定徐、泗之乱，其酋长朱邪赤心，赐姓名为李国昌，镇守大同（治云州，今山西大同县），就有了一个地盘了。873 年，懿宗崩，子僖宗立。年幼，信任宦官田令孜。时山东连年荒歉。875 年，王仙芝起兵作乱，黄巢聚众应之。后来仙芝被杀，而黄巢到处流窜。从现在的河南打到湖北，沿江东下，经浙东入福建，到广东。再从湖南、江西、安徽打回河南，攻破潼关。田令孜挟僖宗走西川。黄巢遂入长安，时为 880 年。当黄巢横行时，藩镇都坐视不肯出兵剿讨。京城失陷之后，各路的援兵又不肯进攻。不得已，就只好再借重沙陀。先是李国昌移镇振武（治单于都护府。今绥远和林格尔县），其子李克用叛据大同，为幽州兵所败，父子都逃入鞑靼（居阴山）。这时候，国昌已死，朝廷乃赦李克用的罪，召他回来。打败黄巢，收复长安。李克用镇守河东，沙陀的根据地更深入腹地了。

黄巢既败，东走攻蔡州。蔡州节度使秦宗权降之。后来黄巢被李克用追击，为其下所杀，而宗权转横，其残虐较黄巢为更甚。河南、山东被其剽掠之处，几于无复人烟。朝廷之上，宦官依然专横。关内一道，亦均为军人所盘踞。

其中华州的韩建、邠州的王行瑜（镇国军，治华州，今陕西华县。邠宁军，治邠州，今陕西邠县）、凤翔的李茂贞，尤为跋扈，动辄违抗命令，胁迫朝廷，遂更授沙陀以干涉的机会。

在此情势之下，汉民族有一个英雄，能够和沙陀抵抗的，那便是朱全忠。全忠本名温，是黄巢的将，巢败后降唐，为宣武节度使（治汴州，今河南开封县）。初年兵力甚弱，而全忠智勇足备，先扑灭了秦宗权，渐并今河南、山东之地，又南取徐州，北服河北三镇，西并河中，取义武（义武军，治定州，今河北定县），又取泽、潞（泽州，今山西晋城县。潞州，今山西长子县）及邢、洺、磁诸州（邢州，今河北邢台县。洺州，今河北永年县。磁州，今河北磁县）。河东的形势，就处于其包围之中了。僖宗死于888年，弟昭宗立，颇为英武。然其时的事势，业已不能有为。此时朝廷为关内诸镇所逼，大都靠河东解围。然李克用是个无谋略的人，想不到挟天子以令诸侯。虽然击杀了一个王行瑜，关内的问题，还是不能解决。朱全忠其初是不问中央的事务，一味扩充自己的实力的。到10世纪初年，全忠的势力已经远超出乎李克用之上了。唐朝的宰相崔胤，乃结合了他，以谋宦官。宦官见事急，挟昭宗走凤翔。全忠围凤翔经年，李茂贞不能抗，只得把皇帝送出，同朱全忠讲和。昭宗回到京城，就把宦官悉行诛灭。唐朝中叶后的痼疾，不是藩镇，实在是宦官。因为唐朝的藩镇，并没有敢公然背叛，或者互相攻击，不过据土自专，更代之际，不听命令而已。而且始终如此的，还不过河北三镇。倘使朝廷能够振作，实在未尝不可削平。而唐朝中叶后的君主，如顺宗、文宗、武宗、宣宗、昭宗等，又都未尝不可与有为。其始终不能有为，则全是因被宦官把持之故。事势至此，已非用兵力铲除，不能有别的路走了。一个阶级，当其恶贯满盈，走向灭亡之路时，在它自己，亦是无法拔出泥淖的。

宦官既亡，唐朝亦与之同尽。公元 903 年，朱全忠迁帝于洛阳，弑之而立其子昭宣帝。至 907 年，遂废之而自立，是为梁太祖。此时海内割据的：淮南有杨行密，是为吴。两浙有钱镠，是为吴越。湖南有马殷，是为楚。福建有王审知，是为闽。岭南有刘岩，是为南汉。剑南有王建，是为前蜀。遂入于五代十国之世。

第二十三讲

五代十国的兴亡和契丹的侵入

凡内争，是无有不引起外患的，沙陀的侵入，就是一个例。但沙陀是整个部族侵入中国的，正和五胡一样。过了几代之后，和汉族同化了，它的命运也就完了。若在中国境外，立有一国，以国家的资格侵入，侵入之后，其本国依然存在的，则其情形自又不同。自公元840年顷回纥崩溃后，漠南北遂无强部，约历七十年而契丹兴。契丹，大约是宇文氏的遗落。其居中国塞外，实已甚久。但当6世纪初，曾遭到北齐的一次袭击，休养生息，到隋时元气才渐复。7世纪末，又因李尽忠的反叛而大遭破坏。其后又和安禄山相斗争，虽然契丹也曾打过一二次胜仗，然其不得安息，总是实在的。唐朝管理东北方最重要的机关，是营州都督府，中叶后业已不能维持其威力，但契丹仍时时受到幽州的干涉，所以它要到唐末才能够兴起。契丹之众，是分为八部的。每部有一个大人。八个大人之中，公推一人司旗鼓。到年久了，或者国有疾

辽代，壁画。出土于河北宣化张世卿墓。辽墓壁画均以写实为主，该墓壁画更是反映了辽金时期中下层官吏的生活。

疫而畜牧衰，则另推一个大人替代。它亦有一个共主，始而是大贺氏，后来是遥辇氏，似乎仅有一个虚名。它各部落间的连结，大概是很薄弱的，要遇到战斗的事情，才能互相结合，这或者也是它兴起较晚的一个原因。

内乱是招引外族侵入中国的，又是驱逐本国人流移到外国去的。这种事情，在历史上已经不知有过若干次。大抵（一）外国的文明程度低而人数少，而我们移殖的人数相当多时，可以把它们完全同化；（二）在人数上我们比较很少，而文明程度相去悬决时，移殖的人民，就可在它们的部落中做蛮夷大长；（三）若它们亦有相当的程度，智识技术上，虽然要请教于我，政治和社会的组织，却决不容以客族侵入而握有权柄的，则我们移殖的人民，只能供它们之用，甚至造成了它们的强盛，而我们传授给它的智识技术，适成为其反噬之用。时间是进步的良友。一样的正史四裔传中的部族，名称未变，或者名称虽异而统系可寻，在后一代，总要比前一代进步些。所以在前代，中国人的移殖属于前两型的居多，到近世，就多属于后一种了，这是不可以不懔然的，而契丹就是一个适例。契丹太祖耶律阿保机，据《五代史》说，亦是八部大人之一。当公元十世纪之初，幽州刘守光暴虐，中国人逃出塞的很多。契丹太祖都把他们招致了去，好好地抚慰他们，因而跟他们学得了许多知识，经济上和政治组织上，都有进步了。就以计诱杀八部大人，不再受代。公元916年，并废遥辇氏而自立。这时候，漠南北决无强部，他遂得纵横如意。东北灭渤海，服室韦，西南服党项、吐谷浑，直至河西回纥。《辽史》中所列，他的属国，有四五十部之多。

梁太祖的私德，是有些缺点的，所以从前的史家，对他的批评，多不大好。然而私德只是私德，社会的情形复杂了，论人的标准，自亦随之而复杂，政治和道德、伦理，岂能并为一谈？就篡弑，也是历代英雄的公罪，岂能偏责一人？老实说：当大局阽危之际，只要能保护国家、抗御外族、拯救人民的，就是有功的政治家。当一个政治家要尽他为国为民的责任，而前代的皇室成为其障碍物时，岂能守小信而忘大义？在唐、五代之际，梁太祖确是能定乱和恤民的，而历来论者，多视为罪大恶极，甚有反偏袒后唐的，那就未免不知民族的大义了。惜乎天不假年，梁太祖篡位后仅六年而遇弑。末帝定乱自立，柔懦无能，而李克用死后，其子存勖袭位，颇有英锐之气。梁、晋战争，梁多不利。河北三镇及义武，复入于晋。923年，两军相持于郓州（今山东东平县），晋人乘梁重兵都在河外，以奇兵径袭大梁，末帝自杀，梁亡。存勖是时已改国号为唐，于是定都洛阳，是为后唐庄宗。中原之地，遂为沙陀所占据。后唐庄宗，本来是个野蛮人，灭梁之后，自然志得意满。于是纵情声色，宠爱伶人，听信宦官，政治大乱。925年，使宰相郭崇韬傅其子魏王继岌伐前蜀，把前蜀灭掉。而刘皇后听了宦官的话，疑心郭崇韬要不利于魏王，自己下命令给魏王，叫他把郭崇韬杀掉。于是人心惶骇，谣言四起。天雄军据邺都作乱。庄宗派李克用的养子李嗣源去征伐。李嗣源的军队也反了，胁迫李嗣源进了邺城。嗣源用计，得以脱身而出。旋又听了女婿石敬瑭的话，举兵造反。庄宗为伶人所弑。嗣源立，是为明宗。明宗年事较长，经验亦较多，所以较为安静。933年，明宗死，养子从厚立，是为闵帝。时石敬瑭镇河东，明宗养子从珂镇凤翔，闵帝要把他们调动，从珂举兵反。闵帝派出去的兵，都倒戈投降。闵帝出奔被杀。从珂立，是为废帝。又要调动石敬瑭，敬瑭又反。废帝鉴于闵帝的失败，是预备了一个不倒戈的张敬达，然后发动的，就把石敬瑭围困起来。敬瑭乃派人到契丹去求救，许割燕、云十六州之地(幽州、云州已见前。蓟州，今河北蓟县。瀛洲，今河北河间县。莫州，今河北肃宁县。涿州，今河北涿县。檀州，今河北密云县。顺州，今河北顺义县。新州，今察哈尔涿鹿县。妫州，今察哈尔怀来县。儒州，今察哈尔延庆县。武州，今察哈尔宣化县。应州，今山西应县。寰州，今山西马邑县。朔州，今山西朔县。蔚州，今察哈尔蔚县)。他手下的刘知远劝他：只要赂以金帛，就可如愿，不可许割土地，以遗后患。敬瑭不听。此时契丹太祖已死，次子太宗在位，举兵南下，反把张敬达围困起来，废帝不能救。契丹太宗和石敬瑭南下，废帝自焚死。敬瑭定都于大梁，是为晋高祖，称臣割地于契丹。942年，晋高祖死，兄子重贵立，是为出帝。听了侍卫景延广的话，对契丹不复称臣，交涉亦改强硬态度。此时契丹已改国号为辽。辽兵南下，战事亦互有胜负。但石晋国力疲敝，而勾通外敌，觊觎大位之例已开，即不能禁人的不效尤。于是晋将杜重威降辽，辽人入大梁，执出帝而去，时在946年。辽太宗是个粗人，不懂得政治的。既入大梁，便派人到各地方搜括财帛，又多派他的亲信到各地方去做刺史，汉奸附之以虐民。辽人的行军，本来是不带粮饷的，大军中另有一支军队，随处剽掠以自给，谓之打草谷军，入中国后还是如此。于是反抗者四起。辽太宗无如之何，只得弃汴梁而去，未出中国境而死。太宗本太祖次子，因皇后述律氏的偏爱而立。其兄突欲（汉名倍），定渤海后封于其地，谓之东丹王。东丹王奔后唐，辽太宗入中国时，为晋人所杀，述律后第三子李胡，较太宗更为粗暴，辽人怕述律后要立他，就军中拥戴了东丹王的儿子，是为世宗。李胡兴兵拒战，败绩。世宗在位仅四年，太宗之子穆宗继立，沉湎于酒，政治大乱，北边的风云，遂暂告宁静。此时侵入中国的，幸而是辽太宗，倘使是辽太祖，怕就没有这么容易退出去了。

契丹虽然退出，中原的政权，却仍落沙陀人之手。刘知远入大梁称帝，是为后汉高祖。未几而死，子隐帝立。950年，为郭威所篡，是为后周太祖。中原的政权，始复归于汉人。后汉高祖之弟旻，自立于太原，称侄于辽，是为北汉，亦称东汉。后周太祖立四年而死，养子世宗立。北汉乘丧来伐，世宗大败之于高平（今山西高平县）。先是吴杨行密之后，为其臣李昪所篡，改国号为唐，是为南唐。并有江西之地，疆域颇广。而后唐庄宗死后，西川节度使孟知祥攻并东川而自立，是为后蜀。李昪之子璟，乘闽、楚之衰，将其吞并，意颇自负；孟知祥之子昶，则是一个昏愚狂妄之人，都想交结契丹，以图中原，世宗要想恢复燕、云，就不得不先膺惩这两国。唐代藩镇之弊，总括起来，是“地擅于将，将擅于兵”八个字。一地方的兵甲、财赋，固为节度使所专，中央不能过问。节度使更代之际，也至少无全权过问，或竟全不能过问。然节度使对于其境内之事，亦未必能全权措置，至少是要顾到其将校的意见，或遵循其军中的习惯的。尤其当更代之际，无论是亲子弟，或是资格相当的人，也必须要得到军中的拥戴，否则就有被杀或被逐的危险。节度使如失众心，亦会为其下所杀。又有野心的人，煽动军队，饵以重赏，推翻节度使而代之的。此等军队，真乃所谓骄兵。凡兵骄，则对外必不能作战，而内部则被其把持，一事不可为，甚且纲纪全无，变乱时作。唐中叶以后的藩镇，所以坐视寇盗的纵横而不能出击；明知强邻的见逼，也只得束手坐待其吞并；一遇强敌，其军队即土崩瓦解，其最大的原因，实在于此。这是非加以彻底地整顿，不足以有为的。周世宗本就深知其弊，到高平之战，军队又有兵刃未接，而望风解甲的，乃益知其情势的危险。于是将禁军大加裁汰，又令诸州募兵，将精强的送至京师，其军队乃焕然改观，而其政治的清明，亦足以与之相配合，于是国势骤张。先伐败后蜀，又伐南唐，尽取江北之地。959 年，遂举兵伐辽，恢复了瀛、莫、易三州，直逼幽州。此时正值契丹中衰之际，倘使周世宗不死，燕、云十六州，是很有恢复的希望的，以后的历史，就全然改观了。惜乎世宗在途中遇疾，只得还军，未几就死了。嗣子幼弱，明年，遂为宋太祖所篡。

宋太祖的才略，亦和周世宗不相上下，或者还要稳健些。他大约知道契丹是大敌，燕、云一时不易取，即使取到了，也非有很重的兵力不能守的，而这时候割据诸国，非弱即乱，取之颇易，所以要先平定了国内，然后厚集其力以对外。从梁亡后，其将高季兴据荆、归、峡三州自立（荆州，今湖北江陵县。归州，今湖北秭归县。峡州，今湖北西陵县），是为南平。而楚虽为唐所灭，朗州亦旋即独立（朗州，今湖南常德县）。962 年宋太祖因朗州和衡州相攻击（衡州，今湖南衡山县），遣人来求救，遣兵假道南平前往，把南平和朗州都破掉（衡州先已为朗州所破）。965 年，遣兵灭后蜀。971 年，遣兵灭南汉。975 年，遣兵灭南唐。是年，太祖崩，弟太宗立。976 年，吴越纳土归降。979 年，太宗遂大举灭北汉。于是中国复见统一。自 907 年朱梁篡唐至此，共计 73 年。若从 880 年僖宗奔蜀，唐朝的中央政权实际崩溃算起，则适得一百年。

第二十四讲

唐宋时代中国文化的转变

两个民族的竞争，不单是政治上的事。虽然前代的竞争，不像现代要动员全国的人力和物力，然一国政治上的趋向，无形中总是受整个社会文化的指导的。所以某一民族，在某一时代中，适宜于竞争与否，就要看这一个民族，在这一个时代中文化的趋向。

在历史上，最威胁中国的是北族。它们和中国人的接触，始于公元前 4 世纪秦、赵、燕诸国与北方的骑寇相遇，至 6 世纪之末五胡全被中国同化而告终结，历时约一千年。其第二批和中国的交涉，起于 4 世纪后半铁勒侵入漠南北，至 10 世纪前半沙陀失却在中国的政权为止，历时约六百年。从此以后，塞外开发的气运，暂向东北，辽、金、元、清相继而兴。其事起于 10 世纪初契丹的盛强，终于 1911 年中国的革命。将来的史家，亦许要把它算到现在的东北问题实际解决时为止，然为期亦必不远了。这一期总算起来，为时亦历千余年。这三大批北族，其逐渐移入中国，而为中国人所同化，前后相同。惟第一二期，是以被征服的形式移入的，至第三期，则系以征服的形式侵入。

经过五胡和沙陀之乱，中国也可谓受到相当的创痛了。但是以中国之大，安能不把这个看作很大的问题？在当时中国人的眼光里，北族的侵入，还只是治化的缺陷，只要从根本上把中国整顿好了，所谓夷狄，自然不成问题。这时代先知先觉者的眼光，还是全副注重于内部，民族的利害冲突，虽不能说没有感觉，民族主义却未能因此而发皇。

虽然如此，在唐、宋之间，中国的文化，也确是有一个转变的。这个转变是怎样呢？

中国的文化，截至近世受西洋文化的影响以前，可以分作三个时期：第一期为先秦、两汉时代的诸子之学。第二期为魏、晋、南北朝、隋、唐时代的玄学和佛学。第三期为宋、元、明时代的理学。这三期，恰是一个正、反、合。

怎样说这三期的文化，是一个辩证法的进化呢？原来先秦时代的学术，是注重于矫正社会的病态的，所谓“拨乱世，反之正”，实不仅儒家，而为各家通有的思想。王莽变法失败以后，大家认为此路不通，而此等议论，渐趋消沉。魏晋以后，文化乃渐转向，不向整体而向分子方面求解决。他们所讨论的，不是社会的组织如何，使人生于其间，能够获得乐利，可以做个好人，而是人性究竟如何？是好的？是坏的？用何法，把坏人改作好人，使许多好人聚集，而好的社会得以实现？这种动机，确和佛教相契。在这一千年中，传统的儒家，仅仅从事于笺疏，较有思想的人，都走入玄学和佛学一路，就是其明证。但其结果却是怎样呢？显然的，从个人方面着想，所能改良的，只有极小一部分，合全体而观之，依然无济于事。而其改善个人之法，推求到深刻之处，就不能不偏重于内心。工夫用在内心上的多，用在外务上的，自然少了。他们既把社会看作各个分子所构成，社会的好坏，原因在于个人的好坏，而个人的好坏，则源于其内心的好坏；如此，社会上一切问题，自然都不是根本。而他们的所谓好，则实和此世界上的生活不相容，所以他们最彻底的思想，是要消灭这一个世界。明知此路不通，则又一转变而认为现在的世界就是佛国；只要心上觉悟，一切行为虽和俗人一样，也就是圣人。这么一来，社会已经是好的了，根本用不着改良。这两种见解，都是和常识不相容的，都是和生活不相合的。凡是和生活不相合的，凭你说得如何天花乱坠，总只是他们所谓"戏论"，总要给大多数在常识中生活的人所反对的，而事情一到和大多数人的生活相矛盾，就是它的致命伤。物极必反，到唐朝佛学极盛时，此项矛盾，业经开始发展了，于是有韩愈的辟佛。他的议论很粗浅，不过在常识范围中批评佛说而已，到宋儒，才在哲学上取得一个立足点。宋学从第十一世纪的中叶起，到第十七世纪的中叶止，支配中国的思想界，约六百年。他们仍把社会看做是各分子所构成的，仍以改良个人为改良社会之本；要改良个人，还是注重在内心上，这些和佛学并无疑异。所不同的，则佛家认世界的现状，根本是坏的，若其所谓好的世界而获实现，则现社会的组织，必彻底被破坏。宋学则认现社会的组织，根本是合理的，只因为人不能在此组织中，各处于其所当处的地位，各尽其所应尽的责任，以致不好。而其所认为合理的组织，则是一套封建社会和农业社会中的道德、伦理和政治制度。在商业兴起，广大的分工合作，日日在扩充，每一个地方自给自足的规模，业已破坏净尽，含有自给自足性质的大家族，亦不复存在之时，早已不复适宜了。宋儒还要根据这一个时代的道德、伦理和政治制度，略加修改，制成一种方案，而强人以实行，岂非削足适履？岂非等人性于杞柳，而欲以为杯棬？所以宋儒治心的方法，是有很大的价值的，而其治世的方法，则根本不可用。不过在当时，中国的思想界，只能在先秦诸子和玄学、佛学两种思想中抉择去取、融化改造，是只能有这个结果的，而文化进化的趋向，亦就不得不受其指导。在君主专制政体下，政治上的纲纪所恃以维持的，就是所谓君臣之义。这种纲纪，是要秩序安定，人心也随着安定，才能够维持的。到兵荒马乱，人人习惯于裂冠毁裳之日，就不免要动摇了。南北朝之世，因其君不足以为君，而有“殉国之感无因，保家之念宜切”的贵族，第十五讲中，业经说过。到晚唐、五代之世，此种风气，又盛行了。于是既有历事五朝、而自称长乐老以鸣其得意的冯道，又有许多想借重异族、以自便私图的杜重威。由今之道，无变今之俗，如何可以一朝居？所以宋儒要竭力提倡气节。经宋儒提倡之后，士大夫的气节，确实是远胜于前代。但宋儒（一）因其修养的工夫，偏于内心，而处事多疏；（二）其持躬过于严整，而即欲以是律人，因此，其取人过于严格，而有才能之士，皆为其所排斥；（三）又其持论过高，往往不切于实际；（四）意气过甚，则易陷于党争。党争最易使人动于感情，失却理性，就使宅心公正，也不免有流弊，何况党争既启，哪有个个人都宅心公正之理？自然有一班好名好利、多方掩饰的伪君子、不恤决裂的真小人混进去。到争端扩大而无可收拾，是非淆乱而无从辨别时，就真有宅心公正、顾全大局的人，也苦于无从措手了。所以宋儒根本是不适宜于做政治事业的。若说在社会上做些自治事业，宋儒似乎很为相宜。宋儒有一个优点，他们是知道社会上要百废俱举，尽其相生相养之道，才能够养生送死无憾，使人人各得其所的。他们否认“治天下不如安天下，安天下不如与天下安”的苟简心理，这一点，的确是他们的长处。但他们所以能如此，乃是读了经书而然。而经书所述的，乃是古代自给自足、有互助而无矛盾的社会所留遗，到封建势力逐渐发展时，此等组织，就逐渐破坏了。宋儒不知其所主张的道德、伦理、政治制度，正和这一种规制相反，却要借其所主张的道德、伦理和政治制度之力，以达到这一个目的。其极端的，遂至要恢复井田封建。平易一些的，亦视智愚贤不肖为自然不可泯的阶级。一切繁密的社会制度，还是要以士大

宋李嵩，货郎图。画面上货郎肩挑杂货担，货担上物品繁多。儿童围着他，伸手指点。该画展示了南宋市井生活的一个侧面。现藏于故宫博物院。

夫去指导着实行，而其所谓组织，亦仍脱不了阶级的对立。所以其结果，还是打不倒土豪劣绅，而宋学家，特如其中关学一派，所草拟的极详密的计划，以极大的热心去推行，终于实现的寥若晨星，而且还是昙花一现。这时候，外有强敌的压迫，最主要的事务，就是富国强兵，而宋儒却不能以全力贯注于此。最需要的，是严肃的官僚政治，而宋学家好作诛心之论，而忽略形迹；又因党争而淆乱是非，则适与之相反。宋学是不适宜于竞争的，而从第十一世纪以来，中国的文化，却受其指导，那无怪其要迭招外侮了。

第二十五讲

北宋的积弱

五代末年，偏方割据诸国，多微弱不振。契丹则是新兴之国，气完力厚的，颇不容易对付，所以宋太祖要厚集其力以对付它。契丹的立国，是合部族、州县、属国三部分而成的。属国仅有事时量借兵粮，州县亦仅有益于财赋（辽朝的汉兵，名为五京乡丁，只守卫地方，不出戍），只有部族，是契丹立国的根本，这才可以真正算是契丹的国民。他们都在指定的地方，从事于畜牧。举族皆兵，一闻令下，立刻聚集，而且一切战具，都系自备。马既多，而其行军又不带粮饷，到处剽掠自资（此即所谓“打草谷”），所以其兵多而行动极速。周世宗时，正是契丹中衰之会，此时却又兴盛了（辽惟穆宗最昏乱。969 年，被弑，景宗立，即复安。983 年，景宗死，圣宗立。年幼，太后萧氏同听政。圣宗至 1030 年乃死，子兴宗立，1054 年死。圣宗时为辽全盛之世。兴宗时尚可蒙业而安，兴宗死，子道宗立，乃衰）。宋朝若要以力服契丹，非有几十万大兵，

宋太祖真像。

宋太宗真像。

宋仁宗真像。

宋真宗真像。

宋英宗真像。

宋哲宗真像。

宋徽宗真像。

宋钦宗真像。

能够连年出征，攻下了城能够守，对于契丹地方，还要能加以破坏扰乱不可。这不是容易的事，所以宋太祖不肯轻举。而太宗失之轻敌，灭北汉后，不顾兵力的疲敝，立刻进攻。于是有高梁河之败（在北平西）。至公元 985 年，太宗又命将分道北伐，亦不利。而契丹反频岁南侵。自燕、云割弃后，山西方面，还有雁门关可守，河北方面，徒恃塘泺以限戎马，是可以御小敌，而不足以御大军的。契丹大举深入，便可直达汴梁对岸的大名，宋朝受威胁殊甚。1004 年，辽圣宗奉其母入寇，至澶州（今河北濮阳县）。真宗听了宰相寇凖[1]的话，御驾亲征，才算把契丹吓退。然毕竟以岁币成和（银十万两，绢二十万匹）。宋朝开国未几，国势业已陷于不振了。

王安石彩像（清殿藏本）。

假使言和之后，宋朝能够秣马厉兵，以伺其隙，契丹是个浅演之国，它的强盛必不能持久，亦未必无隙可乘。宋朝却怕契丹启衅，伪造天书，要想愚弄敌人（宋朝伪造天书之真意在此，见《宋史·真宗本纪论》）。敌人未必被愚弄，工于献媚和

① 寇凖，今作寇准。

趁风打劫、经手侵渔的官僚，却因此活跃了。斋醮、宫观，因此大兴，财政反陷于竭蹶。而西夏之乱又起。唐朝的政策，虽和汉朝不同，不肯招致异族，入居塞内，然被征服的民族多了，乘机侵入，总是不免的。尤其西北一带，自一度沦陷后，尤为控制之力所不及。党项酋长拓跋氏（拓跋是鲜卑的民族，党项却系羌族，大约是鲜卑人入于羌部族而为其酋长的），于唐太宗时归化。其后裔拓跋思敬，以平黄巢有功，赐姓李氏。做了定难节度使，据有夏、银、绥、宥、静五州（夏州，今陕西怀远县。银州，今陕西米脂县。绥州，今陕西绥德县。宥州，今鄂尔多斯右翼后旗。静州，在米脂县西），传八世至继捧，于宋太宗的时候来降。而其弟继迁叛去，袭据银州和灵州，降于辽，宋朝未能平定。继迁传子德明，三十年未曾窥边，却征服了河西，拓地愈广。1022年，真宗崩，仁宗立。1034年，德明之子元昊反，兵锋颇锐。宋朝屯大兵数十万于陕西，还不能戢其侵寇。到1044年，才以岁赐成和（银、绢、茶、彩，共二十五万五千）。此时辽圣宗已死，兴宗在位，年少气盛，先两年，遣使来求关南之地（瓦桥关，在雄县。周世宗复瀛、莫后，与辽以此为界），宋朝亦增加了岁币（增银十万两，绢十万匹），然后和议得以维持。给付岁币的名义，《宋史》说是“纳”字，《辽史》却说是“贡”字，未知谁真谁假。然即使用“纳”字，亦已经不甚光荣了。仁宗在位岁久，政颇宽仁，然亦极因循腐败。兵多而不能战，财用竭蹶而不易支持，已成不能振作之势。1063年，仁宗崩，英宗立，在位仅四年。神宗继之，乃有用王安石变法之事。

王安石的变法，旧史痛加诋毁，近来的史家，又有曲为辩护的，其实都未免有偏。王安石所行的政事，都是不错的。但行政有一要义，即所行之事，必须要达到目的，因此所引起的弊窦，必须减至极少。若弊窦在所不免，而目的仍不能达，就不免徒滋纷扰了。安石所行的政事，不能说他全无功效，然因此而引起的弊端极大，则亦不容为讳。他所行的政事，免役最是利余于弊的，青苗就未必能然。方田均税，在他手里推行得有限，后人踵而行之，则全是徒有其名。学校、贡举则并未能收作育人才之效。宋朝当日，相须最急的，是富国强兵。王安石改革的规模颇大，旧日史家的议论，则说他是专注意于富强的（尤其说王安石偏于理财。此因关于改革社会的行政，不为从前的政治家所了解之故）。他改革的规模，固不止此，于此确亦有相当的注意。其结果：裁汰冗兵，确是收到很大的效果的，所置的将兵，则未必精强，保甲尤有名无实，而且所引起的骚扰极大。安石为相仅七年，然终神宗之世，守其法未变。1085年，神宗崩，子哲宗立。神宗之母高氏临朝，起用旧臣，尽废新法。其死后，哲宗亲政，复行新法，谓之“绍述”。1100年，哲宗崩，徽宗立，太后向氏权同听政，想调和新旧之见，特改元为建中靖国。徽宗亲政后，仍倾向于新法。而其所用的蔡京，则是反复于新旧两党间的巧宦。徽宗性极奢侈，蔡京则搜刮了各方面的钱，去供给他浪用，政治情形一落千丈。恢复燕、云和西北，可说是神宗和王安石一个很大的抱负，但因事势的不容许，只得先从事于其易。王安石为相时，曾用王韶征服自唐中叶以后杂居于今甘、青境内的蕃族，开其地为熙河路。这可说是进取西夏的一个预备。然神宗用兵于西夏却不利。哲宗时，继续筑寨，进占其地。夏人力不能支，请辽人居间讲和。宋因对辽有所顾忌，只得许之。徽宗时，宦者童贯，继续用兵西北，则徒招劳费而已。总之：宋朝此时的情势，业已岌岌难支，幸辽、夏亦已就衰，暂得无事，而塞外有一个新兴民族崛起，就要大祸临头了。

金朝的先世，便是古代的所谓肃慎，南北朝、隋、唐时的靺鞨。宋以后则称为女真（“女真”二字，似即肃慎的异译。清人自称为满洲，据明人的书，实作满住，乃大酋之称，非部族之名。愚按靺鞨酋长之称为大莫弗瞒咄，瞒咄似即满住，而靺鞨二字，似亦仍系“瞒咄”的异译。至汉时又称为“挹娄”，据旧说：系今“叶鲁”二字的转音。而现在的“索伦”二字，又系女真的异译，此推测而确，则女真民族之名，自古迄今，实未曾变）。其主要的部落，在今松花江流域。在江南的系辽籍，称为熟女真，江北的不系籍，谓之生女真。女真的文明程度，是很低的，到渤海时代，才一度开化。金朝的始祖，名唤函普，是从高句丽旧地，入居生女真的完颜部，而为其酋长的。部众受其教导，渐次开化。其子孙又以渐征服诸部族，势力渐强。而辽自兴宗后，子道宗立，政治渐乱。道宗死，子天祚帝立，荒于游畋，竟把国事全然置诸不顾。女真本厌辽人的羁轭，天祚帝遣使到女真部族中去求名鹰，骚扰尤甚，遂致激起女真的叛变。金太祖完颜阿骨打，于1114年，起兵与辽相抗。契丹控制女真的要地黄龙府、咸州、宁江州（黄龙府，今吉林农安县。咸州，今辽宁铁岭县。宁江州，在吉林省城北），次第失陷。天祚帝自将大兵东征，因有内乱西归。旋和金人讲和，又迁延不定。东京先陷，上京及中、西两京继之（上京临潢府，在今热河开鲁县南。中京大定府，在今热河建昌县。东京辽阳府，今辽宁辽阳县。南京析津府，即幽州。西京大同府，即云州）。南京别立一君，意图自保，而宋人约金攻辽之事又起。先是童贯当权，闻金人攻辽屡胜，意图侥幸。遣使于金，求其破辽之后，将石晋所割之地，还给中国。金人约以彼此夹攻，得即有之。而童贯进兵屡败，乃又求助于金。金太祖自居庸关入，把南京攻下。太祖旋死，弟太宗立。天祚帝辗转漠南，至1125年为金人所获，辽亡。

宋朝本约金夹攻的，此时南京之下，仍借金人之力，自无坐享其成之理，乃输燕京代税钱一百万缗，并许给岁币，金人遂以石晋所割之地来归。女真本系小部族，此时吞并全辽，已觉消化不下，焉有余力经营中国的土地？这是其肯将石晋所割之地还给中国的理由。但女真此时，虽不以地狭为忧，却不免以土满为患。文明国民，生产能力高强的，自然尤为其所欢迎。于是军行所至，颇以掳掠人口为务。而汉奸亦已有献媚异族，进不可割地之议的。于是燕京的归还，仅系一个空城，尽掳其人民以去。而营、平、滦三州（平州，今河北卢龙县。滦州，今河北滦县），本非石晋所割让，宋朝向金要求时，又漏未提及，则不肯归还，且将平州建为南京，命辽降将张觉守之。燕京被掳的人民，流离道路，不胜其苦，过平州时，求张觉做主。张觉就据地来降。这是一件很重大的交涉。宋朝当时，应该抚恤其人民，而对于金朝，则另提出某种条件，以足其欲而平其愤。金朝此时，虽已有汉奸相辅，究未脱野蛮之习，且值草创之际，其交涉是并不十分难办的。如其处置得宜，不但无启衅之忧，营、平、滦三州，也未尝不可乘机收复。而宋朝贸然受之，一无措置。到金人来诘责，则又手忙脚乱，把张觉杀掉，函首以畀之。无益于金朝的责言，而反使降将解体，其手段真可谓拙劣极了。

辽朝灭亡之年，金朝便举兵南下。宗翰自云州至太原，为张孝纯所阻，而宗望自平州直抵汴京。时徽宗已传位于钦宗。初任李纲守御，然救兵来的都不能解围。不得已，许割太原、中山、河间三镇（中山，今河北定县。河间，今河北河间县）；宋主称金主为伯父；并输金五百万两，银五千万两，牛、马万头，表缎百万匹讲和。宗望的兵才退去。金朝此时，是不知什么国际的礼法的，宗翰听闻宗望得了赂，也使人来求赂。宋人不许。宗翰怒，攻破威胜军和隆德府（威胜军，今山西沁县。隆德府，今山西长治县）。宋人认为背盟，下诏三镇坚守。契丹遗臣萧仲恭来使，又给以蜡书，使招降契丹降将耶律余睹。于是宗翰、宗望再分道南下，两路都抵汴京。徽、钦二宗，遂于1127年北狩。金朝这时候，是断没有力量，再占据中国的土地的，所希望的，只是有一个傀儡，供其驱使而已。乃立宋臣张邦昌为楚帝，退兵而去。张邦昌自然是要靠金朝的兵力保护，然后能安其位的。金兵既去，只得自行退位。而宋朝是时，太子、后妃、宗室多已被掳，只得请哲宗的废后孟氏出来垂帘。“虽举族有北辕之衅，而敷天同左袒之心”（孟后立高宗诏语），这时候的民族主义，自然还要联系在忠君思想上，于是孟后下诏，命高宗在归德正位（今河南商丘县）。

李纲彩像。

第二十六讲

南宋恢复的无成

语云："败军之气，累世而不复"，这话亦不尽然。"困兽犹斗"，反败为胜的事情，决不是没有的，只看奋斗的精神如何罢了。宋朝当南渡时，并没有什么完整的军队，而且群盗如毛，境内的治安，且岌岌不可保，似乎一时间决谈不到恢复之计。然以中国的广大，金朝人能有多大的兵力去占据？为宋朝计，是时理宜退守一个可守的据点，练兵筹饷，抚恤人民。被敌兵蹂躏之区，则奖励、指导其人民，使之团结自守，而用相当的正式军队，为之声援。如此相持，历时稍久，金人的气焰必渐折，恢复之谋，就可从此开展了。苦于当时并没有这种眼光远大的战略家。而且当此情势，做首领的，必须是一个文武兼资之才，既有作战的策略，又能统驭诸将，使其不敢骄横，遇敌不敢退缩，对内不敢干政，才能够悉力对外。而这时候，又没有这样一个长于统率的人物。金兵既退，宗泽招降群盗，以守汴京。高宗既不能听他的话

宋朝，刘松年的《中兴四将图》绘南宋四将刘世光、韩世忠、张俊、岳飞金身立像。

还跸，又不能驻守关中或南阳，而南走扬州。公元 1129 年，金宗翰、宗望会师濮州（在今山东濮县），分遣娄室入陕西。其正兵南下，前锋直打到扬州。高宗奔杭州（今浙江杭县）。明年，金宗弼渡江，自独松关入（在今安徽广德县东），高宗奔明州（今浙江鄞县）。金兵再进迫，高宗逃入海。金兵亦入海追之，不及乃还。自此以后，金人亦以“士马疲敝，粮储未丰”（宗弼语），不能再行进取了。其西北一路，则宋朝任张浚为宣抚使，以拒娄室，而宗弼自江南还，亦往助娄室。浚战败于富平（今陕西兴平县），陕西遂陷。但浚能任赵开以理财，用刘子羽、吴玠、吴璘等为将，卒能保守全蜀。

利用傀儡，以图缓冲，使自己得少休息，这种希冀，金人在此时，还没有变。其时宗泽已死，汴京失陷，金人乃立宋降臣刘豫于汴，畀以河南、陕西之地。刘豫却想靠着异族的力量反噬，几次发兵入寇，却又都败北。在金人中，宗弼是公忠体国的，挞懒却骄恣腐败（金朝并无一定之继承法，故宗室中多有觊觎之心。其时握兵权者，宗望、宗弼皆太祖子，宗翰为太祖从子，挞懒则太祖从弟。宗翰即有不臣之心。挞懒最老寿，在熙宗时为尊属，故其觊觎尤甚。熙宗、海陵庶人、世宗，皆太祖孙）。秦桧是当金人立张邦昌时，率领朝官，力争立赵氏之后，被金人捉去的。后来以赐挞懒。秦桧从海路逃归。秦桧的意思，是偏重于对内的。因为当时，宋朝的将帅，颇为骄横。“廪稍惟其所赋，功勋惟其所奏。”“朝廷以转运使主馈饷，随意诛求，无复顾惜。”“使其浸成疽赘，则非特北方未易取，而南方亦未易定。”（叶适《论四大屯兵》语，详见《文献通考·兵考》）所以要对外言和，得一个整理内部的机会。当其南还之时，就说要“南人归南，北人归北”。高宗既无进取的雄才，自然意见与之相合，于是用为宰相。1137年，刘豫为宗弼所废。秦桧乘机，使人向挞懒要求，把河南、陕西之地，还给宋朝。挞懒允许了。明年，遂以其地来归。而金朝突起政变。1139年，宗弼回上京（今吉林阿城县）。挞懒南走。至燕京，为金人所追及，被杀。和议遂废。宗弼再向河南，娄室再向陕西。宋朝此时，兵力已较南渡之初稍强。宗弼前锋至顺昌（今安徽阜阳县），为刘锜所败。岳飞从湖北进兵，亦有郾城之捷（今河南偃城县）。吴璘亦出兵收复了陕西若干州郡。倘使内部没有矛盾，自可和金兵相持。而高宗、秦桧执意言和，把诸将召还，和金人成立和约：东以淮水，西以大散关为界（在陕西宝鸡县南）；岁奉银、绢各二十五万两、匹；宋高宗称臣于金，可谓屈辱极了。于是罢三宣抚司，改其兵为某州驻扎御前诸军，而设总领以司其财赋。

金太宗死后，太祖之孙熙宗立，以嗜酒昏乱，为其从弟海陵庶人所弑，此事在1149年。海陵更为狂妄，迁都于燕，后又迁都于汴。1160年，遂大举南侵。以其暴虐过甚，兵甫动，就有人到辽阳去拥立世宗。海陵闻之，欲尽驱其众渡江，然后北还。至采石矶，为宋虞允文所败。改趋扬州，为其下所弑，金兵遂北还。1162年，高宗传位于孝宗。孝宗颇有志于恢复，任张浚以图进取。浚使李显忠进兵，至符离（集名，在今安徽宿县）大败。进取遂成画饼。1165年，以岁币各减五万，宋主称金主为伯父的条件成和。金世宗算是金朝的令主。他的民族成见，是最深的。他曾对其种人，屡称上京风俗之美，教他们保存旧风，不要汉化。臣下有说女真、汉人，已为一家的，他就板起脸说："女真、汉人，其实是二。"这种尖锐的语调，决非前此的北族，所肯出之于口的，其存之于心的，自亦不至如世宗之甚了。然世宗的见解虽如此，而既不能放弃中国之地，就只得定都燕京。并因是时叛者蜂起，不得不将猛安、谋克户移入中原，以资镇压。夺民地以给之，替汉人和女真之间，留下了深刻的仇恨。而诸猛安谋克人，则惟酒是务，竟有一家百口，垅无一苗的，征服者的气质，丧失净尽了。自太祖崛起至此，不过六十年。

公元1194年，孝宗传位于光宗。此时金世宗亦死，子章宗立，北边颇有叛乱，河南、山东，亦有荒歉之处，金朝的国势渐衰。宋光宗多病，皇后李氏又和太上皇不睦。1194年，孝宗崩，光宗不能出而持丧，人心颇为疑惑。宰相赵汝愚，因阁门使韩侂胄，请于高宗后吴氏，扶嘉王扩内禅，是为宁宗。韩侂胄排去赵汝愚，代为宰相，颇为士流所攻击，想立恢复之功，以间执众口。1206年，遂贸然北伐。谁想金兵虽弱，宋兵亦不强。兵交之后，襄阳和淮东西州郡，次第失陷。韩侂胄又想谋和，而金人复书，要斩侂胄之首，和议复绝。皇后杨氏，本和韩侂胄有隙，使其兄次山，勾结侍郎史弥远，把韩侂胄杀掉，函首以畀金。1208年，以增加岁币为三十万两、匹的条件成和。韩侂胄固然是妄人，宋朝此举，也太不成话了。和议成后两年，金章宗死，世宗子卫绍王立。其明年，蒙古侵金，金人就一败涂地。可见金朝是时，业已势成弩末，宋朝并没有急于讲和的必要了。

蒙古本室韦部落，但其后来和鞑靼混合，所以蒙人亦自称为鞑靼。其居地初在望建河，即今黑龙江上游之南，而后徙于不而罕山，即今外蒙古车臣、土谢图两部界上的布尔罕哈勒那都岭。自回纥灭亡以后，漠北久无强部，算到1167年成吉思汗做蒙古的酋长的时候，已经三百六十多年了，淘汰，酝酿，自然该有一个强部出来。成吉思汗少时，漠南北诸部错列，蒙古并不见得怎样强大。且其内部分裂，成吉思汗备受同族的龁龁。但他有雄才大略，收合部众，又与诸部落合纵连横，至 1206 年，而漠南北诸部，悉为所征服。这一年，诸部大会于斡难河源（今译作鄂诺，又作敖嫩），上他以成吉思汗的尊号。成吉思汗在此时，已非蒙古的汗，而为许多部族的大汗了。1210 年，成吉思汗伐夏，夏人降。其明年，遂伐金。金人对于北方，所采取的，是一种防守政策。从河套斜向东北，直达女真旧地，筑有一道长城。汪古部居今归绥县之北，守其冲要之点。此时汪古通于蒙古，故蒙古得以安行而入长城。会河堡一战（会河堡，在察哈尔万全县西），金兵大败，蒙古遂入居庸关。留兵围燕京，分兵蹂躏山东、山西，东至辽西。金人弑卫绍王，立宣宗，与蒙古言和，而迁都于汴。蒙古又以为口实，发兵攻陷燕京。金人此时，尽迁河北的猛安、谋克户于河南，又夺汉人之地以给之。其民既不能耕，又不能战，势已旦夕待亡。幸 1218 年，成吉思汗用兵于西域，金人乃得少宽。这时候，宋朝亦罢金岁币。避强凌弱，国际上总是在所不免的；而此时金人，财政困难，对于岁币，亦不肯放弃，或者还希冀战胜了可以向宋人多胁取些，于是两国开了兵衅。又因疆场细故，与夏人失和，兵力益分而弱。1224 年，宣宗死，哀宗立，才和夏人以兄弟之国成和（前此夏人称臣），而宋朝卒不许。其时成吉思汗亦已东归，蒙古人的兵锋，又转向中原了。1227 年，成吉思汗围夏，未克而死。遗命秘不发丧，把夏人灭掉。1229 年，太宗立。明年，复伐金。时金人已放弃河北，以精兵三十万，守邳县到潼关的一线。太宗使其弟拖雷假道于宋，宋人不许。拖雷就强行通过，自汉中、襄、郧而北，大败金人于三峰山（在河南禹县）。太宗亦自白坡渡河（在河南孟津县），使速不台围汴。十六昼夜不能克，乃退兵议和。旋金兵杀蒙古使者，和议复绝。金哀宗逃到蔡州。宋、元复联合以攻金。宋使孟珙、江海帅师会蒙古兵围蔡。1234 年，金亡。

约金攻辽，还为金灭，这是北宋的覆辙，宋人此时，似乎又不知鉴而蹈之了。

宋高宗真像。

宋宁宗真像。

宋度宗真像。

宋理宗真像。

所以读史的人，多以宋约元攻金为失策，这亦未必尽然。宋朝和金朝，是不共戴天之仇，不能不报的。若说保存金朝以为障蔽，则金人此时，岂能终御蒙古？不急进而与蒙古联合，恢复一些失地，坐视金人为蒙古所灭，岂不更糟？要知约金攻辽，亦并不算失策，其失策乃在灭辽之后，不能发愤自强，而又轻率启衅。约元灭金之后，弊亦仍在于此。金亡之前十年，宋宁宗崩，无子。史弥远援立理宗，仍专政。金亡前一年，史弥远死，贾似道继之。贾似道是表面上似有才气，而不能切实办事的人，如何当得这艰难的局面？金亡之后，宋朝人倡议收复三京（宋东京即大梁，南京即宋州，西京为洛阳，北京为大名），入汴、洛而不能守。蒙古反因此南侵，江、淮之地多陷。1241年，蒙古太宗死。1246年，定宗立。三年而死。1251年，宪宗方立。蒙古当此时，所致力的还是西域，而国内又有汗位继承之争，所以未能专力攻宋。至1258年，各方粗定，宪宗乃大举入蜀。忽必烈已平吐蕃、大理，亦东北上至鄂州（今湖北武昌县）。宋将王坚守合州（今四川合川县），宪宗受伤，死于城下。贾似道督大军援鄂，不敢战，使人求和，许称臣，划江为界。忽必烈亦急图自立，乃许之而北归。贾似道掩其事，以大捷闻于朝。自此蒙古使者来皆拘之，而借和议以图自强，而待敌人之弊的机会遂绝。忽必烈北还后，自立，是为元世祖。世祖在宪宗时，本来是分治漠南的，他手下又多西域人和中国人，于是以1264年定都燕京。蒙古的根据地，就移到中国来了。明年，理宗崩，子度宗立。宋将刘整叛降元，劝元人攻襄阳。自1268年至1273年，被围凡六年，宋人不能救，襄阳遂陷。明年，度宗崩，子恭帝立。伯颜自两湖长驱南下。1276年，临安不守，谢太后和恭帝都北狩。故相陈宜中立其弟益王于福州（今福建闽侯县），后来转徙，崩于硇州（在今广东吴川县海中）。其弟卫王昺立，迁于崖山（在今广东新会县海中）。1279年，汉奸张弘范来攻，宰相陆秀夫负帝赴海殉国。张世杰收兵图再举，到海陵山（在今广东海阳县海中），舟覆而死。宋亡。中国遂整个为北族所征服。

宋朝的灭亡，可以说是我国民族的文化，一时未能急剧转变，以适应于竞争之故。原来游牧民族，以掠夺为生产，而其生活又极适宜于战斗，所以其势甚强，文明民族，往往为其所乘，罗马的见轭于蛮族，和中国的见轭于五胡和辽、金、元、清，正是一个道理。两国国力的强弱，不是以其所有的人力物力的多少而定，而是看其能利用于竞争的共有多少而定。旧时的政治组织，是不适宜于动员全民众的。其所恃以和异族抵抗的一部分，或者正是

陆秀夫背幼帝自杀，南宋灭亡。

南宋灭金、抗蒙名将孟珙。

腐化分子的一个集团。试看宋朝南渡以后，军政的腐败，人民的困苦，而一部分士大夫反溺于晏安鸩毒、歌舞湖山可知。虽其一部分分子的腐化，招致了异族的压迫，却又因异族的压迫，而引起了全民族的觉醒，替民族主义，建立了一个深厚的根基，这也是祸福倚伏的道理。北宋时代，可以说是中国民族主义的萌蘖时期。南宋一代，则是其逐渐成长的时期。试读当时的主战派，如胡铨等一辈人的议论，至今犹觉其凛凛有生气可知（见《宋史》卷三七四）。固然，只论是非，不论利害，是无济于事的。然而事有一时的成功，有将来的成功。主张正义的议论，一时虽看似迂阔，隔若干年代后，往往收到很大的效果。民族主义的形成，即其一例。论是非是宗旨，论利害是手段。手段固不能不择，却不该因此牺牲了宗旨。历来外敌压迫时，总有一班唱高调的人，议论似属

元太祖铁木真像（元人绘）。

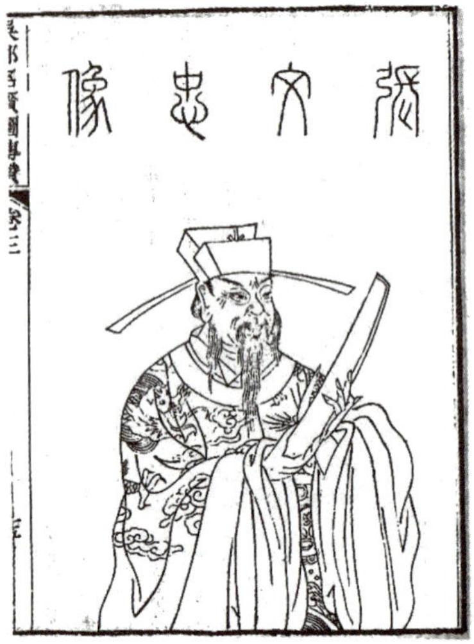

南宋名将张世杰。

正大，居心实不可问，然不能因此而并没其真。所以自宋至明，一班好发议论的士大夫，也是要分别观之的。固不该盲从附和，也不该一笔抹杀。其要，在能分别真伪，看谁是有诚意的，谁是唱高调的，这就是大多数国民，在危急存亡之时，所当拭目辨别清楚的了。民族主义，不但在上流社会中，植下了根基，在下流社会中，亦立下了一个组织，看后文所述便知。

第二十七讲

蒙古大帝国的盛衰

蒙古是野蛮的侵略民族所建立的最大的帝国，它是适值幸运而成功的。

蒙古所征服之地，几于包括整个亚洲，而且还跨有欧洲的一部分。其中最重要的，自然还是西域。葱岭以西，亚历山大东征后，安息、大夏，对立为两个大国。其后则变为波斯和月氏的对立。南北朝时，哌哒兴，月氏为其所破，分为许多小国，波斯亦被其慑服。突厥兴，哌哒又为所破。月氏旧地，大抵服属于西突厥。时大食亦已勃兴。公元641年，破波斯，葱岭以西之地，次第为其所吞并。是时中国亦灭西突厥，波斯以东之地，尽置羁縻府、州，两国的政治势力，遂相接触。然葱岭以西之地，中国本视属羁縻，故未至引起实际的冲突（公元750年，即唐玄宗天宝九年，唐将高仙芝伐今塔什干的石国。石国求救于大食。明年，大食来援，唐兵败于怛逻斯。未久安史之乱起，唐朝就不再经营西域了）。安史乱后，中国对于西域，就不再过问了。辽朝灭亡后，其宗室耶律大石，会十八部王众于西州（唐西州，今新疆吐鲁番县），简其精锐西行。此时大食的纪纲，久已颓废，东方诸酋，据土自专，形同独立。大石兵至，灭掉雄踞呼罗珊的塞而柱克 (Seljuks)，并压服了花刺子模 (Khorazme，《唐书》作货利习尔），使之纳贡，而立国于吹河之滨，是为西辽。成吉思汗平漠南北时，今蒙古西部乃蛮部的酋长古出鲁克奔西辽，运用阴谋，和花刺子模里应外合而取其国。又有在鄂尔坤、色楞格两河间的蔑儿乞，其酋长忽秃亦西奔，和古出鲁克，都有卷土重来之意。成吉思汗怕根本之地动摇，乃于 1213 年北归，遣哲别、速不台把这二人击灭。先是天山南路的畏吾儿（即回纥异译），及其西之哈刺鲁（唐时西突厥属部葛逻禄），归顺蒙古，蒙古人西域之路已开。既灭古出鲁克，蒙古的疆域，就和花刺子模相接。兴于蒙古高原的北族，照例总是先向中国地方侵掠的；况且是时，蒙古与金，业已兵连祸结，所以蒙古对于西域，本来是无意于用兵的。但野蛮人所好的是奢侈享受，西域是文明发达之地，通商往来，自为其所欢迎；而商人好利，自亦无孔不入。成吉思汗乃因商人以修好于花刺子模。花刺子模王亦已允许。然花刺子模的军队，多数系康里人，王母亦康里人，因之作威作福，花刺子模王不能制。锡尔河滨的讹打刺城为东西交通孔道，城主为王母之弟，蒙古人随商人西行的，一行共有四百多人，都被他认为奸细，捉起来杀掉，只有一个人脱逃归报。成吉思汗大怒，遂以 1219 年西征。破花刺子模，其王辗转入里海小岛而死。王子奔哥疾宁，成吉思汗追破之，略印度北境而还。哲别、速不台别将绕里海，越高加索山，破西北诸部。钦察酋长奔阿罗思 (Kiptchac，亦译奇卜察克·阿罗思，即俄罗斯），又追败之，平康里而还。成吉思汗的攻西域，本来是复仇之师，但因西域高度的物质文明，及其抵抗力的薄弱，遂引起蒙古人继续侵掠的欲望。太宗立，命诸王西征。再破钦察，入阿罗思，进规孛烈儿（即波兰）及马札刺（匈牙利），西抵威尼斯，是为蒙古西征最深人的一次，因太宗凶问至，乃班师。宪宗立，复遣弟旭烈兀西征。破木剌夷及报达［木剌夷(Mulahids)，为天方教中之一派，在里海南岸］，西域至此略定。东北一带，自高句丽、百济灭亡后，新罗亦渐衰。唐末，复分为高丽、后百济及新罗三国。石晋初，尽并于高丽王氏。北宋之世，高丽曾和契丹构兵，颇受其侵略，然尚无大关系。自高句丽灭亡后，朝鲜半岛的北部，新罗控制之力，不甚完全；高丽亦未能尽力经营；女真逐渐侵入其地，是为近世满族发达的一个原因，金朝即以此兴起。完颜部本曾朝贡于高丽，至后来，则高丽反为所胁服，称臣奉贡。金末，契丹遗族和女真人在今辽、吉境内扰乱，蒙古兵追击，始和高丽相遇，因此引起冲突，至太宗时乃成和。此后高丽内政，随时受蒙古人的干涉。有时甚至废其国号，而于其地立征东行省。元世祖时，中国既定，又要介高丽以招致日本。日本不听，世祖遂于1274、1281两年遣兵渡海东征。前一次损失还小，后一次因飓风将作，其将择坚舰先走，余众二十余万，尽为日本所虏，杀蒙古人、高丽人、汉人，而以南人为奴隶，其败绩可谓残酷了。世祖欲图再举，因有事于安南，遂不果。蒙古西南的侵略，是开始于宪宗时的。世祖自今青海之地入西藏，遂入云南，灭大理（即南诏）。自将北还，而留兵续向南方侵略。此时后印度半岛之地，安南已独立为国。其南，今柬埔寨之地为占城，蒲甘河附近则有缅国。元兵侵入安南和占城，其人都不服，1284、1285、1287三年，三次发兵南征，因天时地利的不宜，始终不甚得利。其在南洋，则曾一度用兵于爪哇。此外被招致来朝的共有十国，都是今南洋群岛和印度沿岸之地（《元史》云：当时海外诸国，以俱蓝、马八儿为纲维，这两国，该是诸国中最大的。马八儿，即今印度的马拉巴尔。俱蓝为其后障，当在马拉巴尔附近）。自成吉思汗崛起至世祖灭宋，共历一百一十二年，而蒙古的武功，臻于极盛。其人的勇于战斗，征服各地方后，亦颇长于统治（如不干涉各国的信教自由，即其一端），自有足称。但

元世祖真像。

元太宗真像。

元世宗真像。

其大部分成功的原因，则仍在此时别些大国，都适值衰颓，而乏抵抗的能力，其中尤其主要的，就是中国和大食帝国；又有一部分人，反为其所用，如蒙古西征时附从的诸部族便是，所以我说它是适值天幸。

中国和亚、欧、非三洲之交的地中海沿岸，是世界上两个重要的文明起源之地。这两个区域的文明，被亚洲中部和南部的山岭，和北方的荒凉阻隔住了。欧洲文明的东渐，大约以古希腊人的东迁为最早。汉通西域时所接触的西方文化，就都是古希腊人所传播、所留遗。其后罗马兴，东边的境界，仍为东西文化接触之地。至罗马之北境为蛮族所据而中衰。大食兴，在地理上，拥有超过罗马的大版图，在文化上，亦能继承希腊的遗绪。西方的文化，因此而东渐，东方的文化，因此而西行者不少。但主要的是由于海路。至蒙古兴，而欧西和东方的陆路才开通。其时西方的商人，有经中央亚细亚、天山南路到蒙古来的，亦有从西伯利亚南部经天山北路而来的。基督教国，亦派有使

元成宗真像。

元武宗真像。

元仁宗真像。

蒙古马术图。

节东来。而意大利人马可波罗(Marco polo)居中国凡三十年，归而以其所见，著成游记，给予西方人以东方地理上较确实的知识，且引起其好奇心，亦为近世西力东侵的一个张本。

如此广大的疆域，自非一个大汗所能直接统治；况且野蛮人的征服，其意义原是掠夺，封建制度，自然要随之而兴。蒙古的制度，宗室、外戚、功臣，是各有分地的，而以成吉思汗的四个儿子为最大。当时的分封，大约他的长子术赤，所得的是花剌子模和康里、钦察之地。次子察合台，所得的是西辽之地。三子太宗，所得的是乃蛮之地。而和林旧业，则依蒙古人幼子守灶之习，归于其季子拖雷(此据日本那坷通世说，见其所注《成吉思汗实录》，此书即《元秘史》的日译本)。其后西北一带，术赤之子拔都，为其共主，而西南的平定，则功出于拖雷之子旭烈兀，其后裔世君其地。此即所谓窝阔台、察合台、钦察、伊儿四个汗国[窝阔台之后称 Km.of Ogotai，亦称 Naiman(乃蛮)。察合台之后称 Km.Of Tchagatai。拔都之后称 Km.of Kiptchac，亦称 Golden Horde。旭烈兀之后称 Km.of Iran]，而分裂即起于其间。

蒙古的汗，本来是由诸部族公推的，到后来还是如此。每当大汗逝世之后，即由宗王、驸马和管兵的官，开一个大会(蒙古语为“忽力而台”)，议定应继承汗位的人。太祖之妻孛儿帖，曾给蔑儿乞人掳去，后太祖联合与部，把她抢回，就生了术赤。他的兄弟，心疑他是蔑儿乞种，有些歧视他，所以他西征之后，一去不归，实可称为蒙古的泰伯。太祖死时，曾有命太宗承继之说，所以大会未有异议。太宗死后，其后人和拖雷的后人，就有争夺之意。定宗幸获继立，而身弱多病，未久即死。拖雷之子宪宗被推戴。太宗后人，另谋拥戴失烈门，为宪宗所杀，并夺去太宗后王的兵柄。蒙古的内争，于是开始。宪宗死后，争夺复起于拖雷后人之间。宪宗时，曾命阿里不哥统治漠北，世祖统治漠南。宪宗死后，世祖不待大会的推戴而自立；阿里不哥亦自立于漠北，为世祖所败；而太宗之子海都自立于西北，察合台、钦察两汗国都附和他。伊儿汗国虽附世祖，却在地势上被隔绝了，终世祖之世不能定。直到 1310 年，海都之子才来归降。然自海都之叛，蒙古大汗的号令，就不能行于全帝国，此时亦不能恢复了。所以蒙古可说是至世祖时而臻于极盛，亦可说自世祖时而开始衰颓。

第二十八讲

汉族的光复事业

辽、金、元三朝，立国的情形，各有不同。契丹虽然占据了中国的一部分，然其立国之本，始终寄于部族，和汉人并未发生深切的关系。金朝所侵占的重要之地，惟有中国。它的故土和它固有的部族、文化尚未发展，虽可借其贫瘠而好掠夺的欲望，及因其进化之浅、社会组织简单、内部矛盾较少，因而以诚朴之气、勇敢之风，而崛起于一时，然究不能据女真之地、用女真之人，以建立一个大国。所以从海陵迁都以后，其国家的生命，已经寄托在它所侵占的中国的土地上了。所以它压迫汉人较甚，而其了解汉人，却亦较深。至蒙古，则所征服之地极广，中国不过是其一部分。虽然从元世祖以后，大帝国业已瓦解，所谓元朝者，其生命亦已寄托于中国，然自以为是一个极大的帝国，看了中国，不过是其所占据的地方的一部分的观念，始终未能改变。所以对于中国，并不能十分了解，试看元朝诸帝，多不通汉文及汉语可知。

元朝诸帝，惟世祖较为聪明，所用的汉人和西域人较多，亦颇能厘定治法。此后则惟仁宗在位较久，政治亦较清明。其余诸帝，大抵荒淫愚昧。这个和其继嗣之争，亦颇有关系。因为元朝在世祖之时，北边尚颇紧急。成宗和武宗，都是统兵在北边防御，因而得立的。武宗即位之前，曾由仁宗摄位，所以即位之后，不得不立仁宗为太子。因此引起英宗之后泰定、天顺二帝间的争乱。文宗死后，又引起燕帖木儿的专权（时海都之乱未定，成宗和武宗都是统兵以防北边的。世祖之死，伯颜以宿将重臣，归附成宗，所以未有争议。成宗之死，皇后伯岳吾氏想立安西王。右丞相哈剌哈孙使迎仁宗监国，以待武宗之至。武宗至，弑伯岳吾后，杀安西王而自立。以仁宗为太子。仁宗既立，立英宗为太子，而出明宗于云南。其臣奉之奔阿尔泰山。英宗传子泰定帝，死于上都。子天顺帝，即在上都即位。签书枢密院事燕帖木儿，为武宗旧臣，胁大都百官，迎立武宗之子。因明宗在远，先迎文宗监国。发兵陷上都，天顺帝不知所终。明宗至漠南，即位。文宗入见，明宗暴死。文宗后来心上觉得不安，遗令必立明宗之子。而燕帖木儿不肯。文宗皇后翁吉剌氏，坚持文宗的遗命。于是迎立宁宗，数月而死。再迎顺帝。顺帝的年纪却比宁宗大些了，燕帖木儿又坚持，顺帝虽至，不得即位。会燕帖木儿死，问题乃得解决。顺帝既立，追治明宗死事，翁吉剌后和其子燕帖古思都被流放到高丽，死在路上。元入中国后的继嗣之争，大略如此）。中央的变乱频仍，自然说不到求治，而最后又得一个荒淫的顺帝，胡无百年之运，客星据坐，自然不能持久了。元世祖所创立的治法，是专以防制汉人为务的。试看其设立行省及行御史台；将边徼襟喉之地，分封诸王；遣蒙古军及探马赤军分守河、洛、山东；分派世袭的万户府，屯驻各处；及因重用蒙古、色目人而轻视汉人可知。这是从立法方面说。从行政方面说：则厚敛人民，以奉宗王、妃、主；纵容诸将，使其掠人为奴婢；选法混乱，贪黩公行；而且迷信喇嘛教，佛事所费，既已不赀，还要听其在民间骚扰，可谓无一善政。所以仍能占据中国数十年，则因中国社会，自有其深根宁极之理，并非政治现象，所能彻底扰乱，所以其以异族入据中原，虽为人心所不服，亦不得不隐忍以待时。到顺帝时，政治既乱，而又时有水旱偏灾，草泽的英雄，就要乘机而起了。

“举世无人识，终年独自行。海中擎日出，天外唤风生。”（郑所南先生诗语。所南先生名思肖。工画兰。宋亡后，画兰皆不画土。人或问之。则曰：“土为番人夺去，汝不知耶？”著有《心史》，藏之铁函，明季乃于吴中承天寺井中得之。其书语语沉痛，为民族主义放出万丈的光焰。清朝的士大夫读之，不知自愧，反诬为伪造，真可谓全无心肝了。）表面上的平静，是靠不住的，爆发的种子，正潜伏在不见不闻之处。这不见不闻之处是哪里呢？这便在各人的心上。昔人说：“雪大耻，复大仇，皆以心之力。”（龚自珍文中语）。文官投降了，武官解甲了，大多数的人民，虽然不服，苦于不问政治久了，一时团结不起来。时乎时乎？七年之病，求三年之艾，乃将一颗革命的种子，广播潜藏于人民的惟一组织，即所谓江湖豪侠的社会之中，这是近世史上的一件大事。明亡以后之事，为众所周知，然其事实不始于明亡以后，不过年深月久，事迹已陈，这种社会中，又没有记载，其事遂在若存若亡之间罢了。元朝到顺帝之世，反抗政府的，就纷纷而起。其中较大的是：台州的方国珍（今浙江临海县）、徐州的李二、湖北的徐寿辉、濠州的郭子兴（今安徽凤阳县）、高邮的张士诚（后迁平江，今江苏吴县），而刘福通以白莲教徒，起于安丰（今安徽寿县），奉其教主之子韩林儿为主。白莲教是被近代的人看作邪教的，然其起始决非邪教，试看其在当时，首举北伐的义旗可知。元朝当日，政治紊乱。宰相脱脱之弟也先帖木儿，当征讨之任，连年无功，后来反大溃于沙河（今河南遂平、确山、泌阳境上的沙河店），军资丧失殆尽。脱脱觉得不好，自将大军出征，打破了李二，围张士诚，未克，而为异党排挤以去。南方群雄争持，元朝就不能过问。1358年，刘福通分兵三道：一军入山、陕，一军入山东，自奉韩林儿复开封。此时元朝方面，亦有两个人出来替其挣扎，那便是察罕帖木儿和李思齐。他们是在河南起兵帮助元朝的。此时因陕西行省的求援，先入陕解围。又移兵山东，把刘福通所派的兵，围困起来。刘福通的将遣人把察罕刺死。其子库库帖木儿代总其兵，才把刘福通军打败，刘福通和韩林儿，走回安丰，后为张士诚所灭。然其打山西的一支兵，还从上都直打到辽东（今多伦县，元世祖自立于此，建为上都，而称今北平为大都），然后被消灭。军行数千里，如入无人之境，亦可谓虽败犹荣了。

首事的虽终于无成，然继起的则业已养成气力。明太祖初起时，本来是附随郭子兴的。后来别为一军，渡江取集庆（今南京，元集庆路）。时徐寿辉为其将陈友谅所杀，陈友谅据江西、湖北，势颇强盛（寿辉将明玉珍据四川自立，传子昇，为明太祖所灭），后为太祖所灭。太祖又降方国珍、破张士诚，几乎全据了长江流域。而元朝是时，复起内乱。其时库库帖木儿据冀宁（元冀宁路，治今山西阳曲县），孛罗帖木儿据大同，孛罗想兼据晋冀，以裕军食，二人因此相争。顺帝次后奇氏，高丽人，生子爱猷识理达腊，立为太子。太子和奇后，阴谋内禅。是时高丽人自宫到元朝来充当内监的很多，奇后宫中，自更不乏，而朴不花最得信任，宰相搠思监就是走朴不花的门路得位的。他和御史大夫老的沙不协，因太子言于顺帝，免其职。老的沙逃奔大同，托庇于孛罗。搠思监诬孛罗谋反。孛罗就真个反叛，举兵犯阙，把搠思监和朴不花都杀掉。太子投奔库库。库库兴兵送太子还京，孛罗已被顺帝遣人刺死。太子欲使库库以兵力胁迫顺帝内禅，库库不肯。时顺帝封库库为河南王，使其总统诸军，平定南方。李思齐因与察罕同起兵，不愿受库库节制，陕西参政张良弼，亦和库库不协，二人连兵攻库库。太子乘机叫顺帝下诏，削掉库库的官爵，使太子统兵讨之。北方大乱。

“天道好还，中国有必伸之理，人心效顺，匹夫无不报之仇。”（太祖时讨胡檄中语）1368年，明太祖命徐达、常遇春两道北伐。徐达平河南，常遇春下山东，会师德州（今山东德县），北扼直沽。顺帝走上都。太祖使徐达下太原，乘胜定秦、陇，库库帖木儿奔和林（和林城，太宗所建，今之额尔德尼招，是其遗址）。常遇春攻上都，顺帝再奔应昌（城名，在达里泊傍，为元外戚翁吉剌氏之地）。1387年，顺帝死，明兵再出，爱猷识理达腊亦奔和林。不久便死，子脱古思帖木儿嗣。1387年，太祖使蓝玉平辽东，乘胜袭破脱古思帖木儿于捕鱼海（今达里泊）。脱古思帖木儿北走，为其下所杀。其后五传皆被弑，蒙古大汗的统系遂绝。元宗室分封在内地的亦多降，惟梁王把匝剌瓦尔密据云南不服。1381年，亦为太祖所灭。中原之地，就无元人的遗孽了。自1279年元朝灭宋，至1368年顺帝北走，凡八十九年。

第二十九讲

明朝的盛衰

明太祖起于草泽，而能铲除胡元，戡定群雄，其才不可谓不雄。他虽然起于草泽，亦颇能了解政治，所定的学校、科举、赋役之法，皆为清代所沿袭，行之凡六百年。卫所之制，后来虽不能无弊，然推原其立法之始，亦确是一种很完整的制度，能不烦民力而造成多而且强的军队。所以明朝开国的规模，并不能算不弘远。只可惜他私心太重。废宰相，使朝无重臣，至后世，权遂入于阉宦之手。重任公侯伯的子孙，开军政腐败之端。他用刑本来严酷，又立锦衣卫，使司侦缉事务，至后世，东厂、西厂、内厂，遂纷纷而起（东厂为成祖所设，西厂设于宪宗时，内厂设于武宗时，皆以内监领其事）。这都不能不归咎于诒谋之不臧。其封建诸子于各地，则直接引起了靖难之变。

明初的边防，规模亦是颇为弘远的。俯瞰蒙古的开平卫，即设于元之上都。其后大宁路来降，又就其地设泰宁、朵颜、福余三卫。泰宁在今热河东部，朵颜在吉林之北，福余则在农安附近。所以明初对东北，威棱远瞻。其极盛时的奴儿干都司，设于黑龙江口，现在的库页岛，亦受管辖（《明会典》卷一〇九：永乐七年，设奴儿干都司于黑龙江口。清曹廷杰《西伯利亚东偏纪要》说，庙尔以上二百五十余里，混同江东岸特林地方，有两座碑：一刻《敕建永宁寺记》，一刻《宣德六年重建永宁寺记》，均系太监亦失哈述征服奴儿干和海中苦夷之事。苦夷即库页。宣德为宣宗年号，宣德六年为公元1431年）。但太祖建都南京，对于北边的控制，是不甚便利的。成祖既篡建文帝，即移都北京。对于北方的控制，本可更形便利。确实，他亦曾屡次出征，打破鞑靼和瓦剌。但当他初起兵时，怕节制三卫的宁王权要袭其后，把他诱执，而将大宁都司，自今平泉县境迁徙到保定。于是三卫之地，入于兀良哈，开平卫势孤。成祖死后，子仁宗立，仅一年而死。子宣宗继之。遂徙开平卫于独石口。从此以后，宣、大就成为极边了。距离明初的攻克开平，逐去元顺帝，不过六十年。明初的经略，还不仅对于北方。安南从五代时离中国独立，成祖于1406年，因其内乱，将其征服，于其地设立交趾布政使司，同于内地。他又遣中官郑和下南洋，前后凡七次。其事在1405年至1433年之间，早于欧人的东航，有好几十年。据近人的考究：郑和当日的航路，实自南海入印度洋，达波斯湾及红海，且拂非洲的东北岸，其所至亦可谓远了。史家或说：成祖此举，是疑心建文帝亡匿海外，所以派人去寻求的。这话臆度而不中情实。建文帝即使亡匿海外，在当日的情势下，又何能为？试读《明史》的外国传，则见当太祖时，对于西域，使节所至即颇远。可见明初的外交，是有意沿袭元代的规模的。但是明朝立国的规模，和元朝不同。所以元亡明兴，西域人来者即渐少。又好勤远略，是和从前政治上的情势不相容的，所以虽有好大喜功之主，其事亦不能持久。从仁宗以后，就没有这种举动了。南方距中国远，该地方的货物，到中原即成为异物，价值很贵；又距离既远，为政府管束所不及，所以宦其地者率多贪污，这是历代如此的。明朝取安南后，还是如此。其时中官奉使的多，横暴太甚，安南屡次背叛。宣宗立，即弃之。此事在 1427 年，安南重隶中国的版图，不过二十二年而已。自郑和下南洋之后，中国对于南方的航行，更为熟悉，华人移殖海外的渐多。近代的南洋，华人实成为其地的主要民族，其发端实在此时。然此亦是社会自然的发展，得政治的助力很小。

明代政治的败坏，实始于成祖时。其一为用刑的残酷，其二为宦官的专权，而两事亦互相依倚。太祖定制，内侍本不许读书。成祖反叛时，得内监为内应，始选官入内教习。又使在京营为监军，随诸将出镇。又设立东厂，使司侦缉之事。宦官之势骤盛。宣宗崩，英宗立，年幼，宠太监王振。其时瓦剌强，杀鞑靼酋长，又胁服兀良哈。1449 年，其酋长也先入寇。王振贸然怂恿英宗亲征。至大同，知兵势不敌，还师。为敌军追及于土木堡，英宗北狩。朝臣徐有贞等主张迁都。于谦力主守御，奉英宗之弟景帝监国，旋即位。也先入寇，谦任总兵，石亨等力战御之。也先攻京城，不能克，后屡寇边，又不得利，乃奉英宗归。大凡敌兵入寇，京城危急之时，迁都与否，要看情势而定。敌兵强，非坚守所能捍御，而中央政府，为一国政治的中心，失陷了，则全国的政治，一时要陷于混乱，则宜退守一可据的据点，徐图整顿。在这情势之下，误执古代国君死社稷之义，不肯迁都，是要误事的，崇祯的已事，是其殷鉴。若敌兵实不甚强，则坚守京城，可以振人心而作士气。一移动，一部分的国土，就要受敌兵蹂躏，损失多而事势亦扩大了。瓦剌在当日，形势实不甚强，所以于谦的主守，不能不谓之得计。然徐有贞因此内惭，石亨又以赏薄怨望，遂结内监曹吉祥等，乘景帝卧病，闯入宫中，迎英宗复辟，是为“夺门”之变。于谦被杀。英宗复辟后，亦无善政。传子宪宗，宠太监汪直。宪宗传孝宗，政治较称清明。孝宗传武宗，又宠太监刘瑾。这不能不说是成祖恶政的流毒

明太祖朱元璋真像。

明成祖真像。

明仁宗真像。

明英宗真像。

明宪宗真像。

明孝宗真像。

了。明自中叶以后，又出了三个昏君。其一是武宗的荒淫，其二是世宗的昏聩，其三是神宗的怠荒，明事遂陷于不可收拾之局。武宗初宠刘瑾，后瑾伏诛，又宠大同游击江彬，导之出游北边。封于南昌的宁王宸濠，乘机作乱，为南赣巡抚王守仁所讨平，武宗又借以为名，出游江南而还。其时山东、畿南群盗大起，后来幸获敉平，只可算得侥幸。武宗无子，世宗以外藩入继。驭宦

明武宗真像。

明世宗真像。

明穆宗真像。

明神宗真像。

明光宗真像。

明熹宗真像。

官颇严，内监的不敢恣肆，是无过于世宗时的。但其性质严而不明，中年又好神仙，日事斋醮，不问政事。严嵩因之，故激其怒，以入人罪，而窃握大权，政事遂至大坏。其时倭寇大起，沿海七省，无一不被其患，甚至沿江深入，直抵南京。北边自也先死后，瓦剌复衰，鞑靼部落，入据河套，谓之“套寇”。明朝迄无善策。至世宗时，成吉思汗后裔达延汗复兴，击败套寇，统一蒙古。

达延汗四子，长子早死。达延汗自与其嫡孙卜赤徙牧近长城，称为插汉儿部，就是现在的察哈尔部。次子为套寇所杀。三子系征服套寇的。其有二子：一为今鄂尔多斯部之祖，亦早死。一为阿勒坦汗，《明史》称为俺荅，为土默特部之祖。第四子留居漠北，则为喀尔喀三部之祖（车臣，上谢图，札萨克图。其三音诺颜系清时增设）。自达延汗以后，蒙古遂成今日的形势了，所以达延汗亦可称为中兴蒙古的伟人。俺荅为边患，是最深的。世宗时，曾三次入犯京畿。有一次，京城外火光烛天，严嵩竟骗世宗，说是民家失火，其蒙蔽，亦可谓骇人听闻了。世宗崩，穆宗立，未久而死。神宗立，年幼，张居正为相。此为明朝中兴的一个好机会。当穆宗时，俺荅因其孙为中国所得，来降，受封为顺义王，不复为边患。插汉儿部强盛时，高拱为相，任李成梁守辽东，戚继光守蓟镇以敌之。成梁善战，继光善守，张居正相神宗，益推心任用此二人，东北边亦获安静。明朝政治，久苦因循。张居正则能行严肃的官僚政治。下一纸书，万里之外，无敢不奉行惟谨者，所以吏治大有起色。百孔千疮的财政，整理后亦见充实。惜乎居正为相，不过十年，死后神宗亲政，又复昏乱。他不视朝至于二十余年，群臣都结党相攻。其时无锡顾宪成，居东林书院讲学，喜欢议论时政，于是朝廷上的私党，和民间的清议，渐至纠结而不可分。神宗信任中官，使其到各省去开矿，名为开矿，实则借此索诈。又在穷乡僻壤，设立税使，骚扰无所不至。日本丰臣秀吉犯朝鲜，明朝发大兵数十万以援之，相持凡七年，并不能却敌，到秀吉死，日本兵才自退。神宗死后，熹宗继之。信任宦官魏忠贤，其专横又为前此所未有。统计明朝之事，自武宗以后，即已大坏，而其中世宗、神宗，均在位甚久。武宗即位，在 1506 年，熹宗之死，在 1627 年，此一百二十二年之中，内忧外患，迭起交乘，明事已成不可收拾之局。思宗立，虽有志于振作，而已无能为力了。

第三十讲

明清的兴亡

文化是有传播的性质的，而其传播的路线，往往甚为纡曲。辽东、西自公元前4世纪，即成为中国的郡县，因其距中原较远，长驾远驭之力，有所不及，所以中国的政治势力，未能充分向北展拓，自吉林以东北，历代皆仅等诸羁縻。其地地质虽极肥沃，而稍苦寒；又北方扰攘时多，自河北经热河东北出之道，又往往为游牧民族所阻隔，所以中国民族，亦未能盛向东北拓殖。在这一个区域中，以松花江流域为最肥沃，其地距朝鲜甚近，中国的文化，乃从朝鲜绕了一个圈儿，以间接开化其地的女真民族。渤海、金、清的勃兴，都是如此。

清朝的祖先，据其自己说，是什么天女所生的，这一望而知其为有意造作的神话。据近人所考证，明时女真之地，凡分三卫：曰海西卫，自今辽宁的西北境，延及吉林的西部。曰野人卫，地在吉、黑的东偏。曰建州卫，则在长白山附近。海西卫为清人所谓扈伦部，野人卫清人谓之东海部，建州卫

明思宗。

袁崇焕。

则包括满洲长白山西部。清朝真正的祖先，所谓肇祖都督孟特穆，就是1412年受职为建州卫指挥使的猛哥帖木儿（明人所授指挥使，清人则称为都督。孟特穆为猛哥帖木儿异译），其初曾入贡受职于朝鲜的李朝的。后为七姓野人所杀。其时的建州卫，还在朝鲜会宁府河谷。弟凡察立，迁居佟家江。后猛哥帖木儿之子董山，出而与凡察争袭。明朝乃分建州为左右两卫，以董山为左卫指挥使，凡察为右卫指挥使。董山渐跋扈，明朝檄致广宁诛之。部下拥其子脱罗扰边（《清实录》作妥罗，为肇祖之孙。其弟曰锡宝斋篇古。锡宝斋篇古之子曰兴祖都督福满，即景祖之父），声称报仇，但未久即寂然。自此左卫衰而右卫盛。右卫酋长王杲，居宽甸附近。为李成梁所破，奔扈伦部的哈达（叶赫在吉林西南，明人称为北关。哈达在开原北，明人称为南关）。哈达执送成梁，成梁杀之。其子阿台，助叶赫攻哈达。满洲苏克苏浒部长尼堪外兰，为李成梁做向导，攻杀阿台。满洲酋长叫场，即清朝所谓景祖觉昌安，其子他失，则清朝所谓显祖塔克世，塔克世的儿子努尔哈赤，就是清朝的太祖了。阿台系景祖孙婿，阿台败时，清景、显二祖亦死。清太祖仍受封于明，后来起兵攻破尼堪外兰。尼堪外兰逃奔明边。明朝非但不能保护，反把他执付清太祖。且开抚顺、清河、宽甸、叆阳四关，和它互市。自此满洲人得以沐浴中国的文化，且借互市以润泽其经济，其势渐强。先服满洲诸部。扈伦、长白山诸部联合蒙古的科尔沁部来攻，清太祖败之，威声且达蒙古东部。又合叶赫灭哈达。至1616年，遂叛明。

清朝努尔哈赤画像。

时值明神宗之世。以杨镐为经略，发大兵二十万，分四路东征，三路皆败。满洲遂陷铁岭，灭叶赫。明以熊廷弼为经略。廷弼颇有才能，明顾旋罢之，代以袁应泰。应泰有吏才，无将略，辽、沈遂陷。清太祖初自今之长白县（清之兴京，其地本名赫图阿拉），迁居辽阳，后又迁居沈阳。明朝再起熊廷弼，又为广宁巡抚王化贞所掣肘。化贞兵败，辽西地多陷。明朝逮二人俱论死。旋得袁崇焕力守宁远。1626年，清太祖攻之，受伤而死。子太宗立，

清朝皇太极画像。

因朝鲜归心于明，屡犄满洲之后，太宗乃先把朝鲜征服了，还兵攻宁远、锦州，又大败。清人是时，正值方兴之势，自非一日可以削平，然其力亦并不能进取辽西。倘使明朝能任用如袁崇焕等人物，与之持久，辽东必可徐图恢复的，辽西更不必说了，若说要打进山海关，那简直是梦想。

所谓流寇，是无一定的根据地，流窜到哪里，裹胁到哪里的。中国疆域广大，一部分的天灾人祸，影响不到全国，局部的动乱，势亦不能牵动全国，只有当社会极度不安时，才会酿成如火燎原之势，而明季便是其时了。明末的流寇，是以1628年起于陕西的，正值思宗的元年。旋流入山西，又流入河北，蔓衍于四川、湖广之境。以李自成和张献忠为两个最大的首领。献忠系粗才，一味好杀，自成则颇有大略。清太宗既不得志于辽西，乃自喜峰口入长城，犯畿甸。袁崇焕闻之，亦兼程入援。两军相持，未分胜负。明思宗之为人，严而不明，果于诛杀。先是袁崇焕因皮岛守将毛文龙跋扈，将其诛戮（皮岛，今图作海洋岛），思宗疑之而未发。及是，遂信清人反间之计，把崇焕下狱杀掉，于是长城自坏。此事在1629年。至1640年，清人大举攻锦州。蓟辽总督洪承畴往援，战败，入松山固守。明年，松山陷，承畴降清。先是毛文龙死后，其将孔有德、耿仲明降清，引清兵攻陷广鹿岛（今图或作光禄岛），守将尚可喜亦降。清当太祖时，尚无意于入据中原，专发挥其仇视汉人的观念，得儒士辄杀，得平民则给满洲人为奴。太宗始变计抚用汉人，尤其优待一班降将。洪承畴等遂不恤背弃祖国，为之效力。于是政治军事的形势，又渐变了。但明兵坚守了山海关，清兵还无力攻陷。虽然屡次绕道长城各口，蹂躏畿甸，南及山东，毕竟不敢久留，不过明朝剿流寇的兵，时被其牵制而已。1643年，李自成陷西安。明年，在其地称帝。东陷太原，分兵出真定（今河北正定县），自陷大同、宣府，入居庸关。北京不守，思宗殉国于煤山。山海关守将吴三桂入援，至丰润，京城已陷。自成招三桂降，三桂业经允许了。旋闻爱妾陈沅被掠，大怒，遂走关外降清。“痛哭六军皆缟素，冲冠一怒为红颜”，民族战争时惟一重要的据点，竟因此兵不血刃而失陷，武人不知礼义的危险，真令人言之而色变了。

时清太宗已死，子世祖继立，年幼，叔父睿亲王多尔衮摄政，正在关外略地，闻三桂来降，大喜，疾趋受之。李自成战败，奔回陕西，清人遂移都北京。明人立神宗之孙福王由崧于南京，是为弘光帝。清人这时候，原只望占据北京，并不敢想全吞中国，所以五月三日入京，四日下令强迫人民剃发，到二十四日，即又将此令取消。而其传檄南方，亦说“明朝嫡胤无遗，用移大清，宅此北土，其不忘明室，辅立贤藩，戮力同心，共保江左，理亦宜然，予所不禁”。但弘光帝之立，是靠着凤阳总督马士英的兵力作背景的。士英遂引阉党阮大铖入阁，排去史可法。弘光帝又荒淫无度。清朝乃先定河南、山东。又分兵两道入关，李自成走死湖北。清人即移兵以攻江南。明朝诸将，心力不齐，史可法殉国于扬州，南京不守，弘光帝遂北狩，时在1645年。清朝既定江南，乃下令强迫人民剃发。当时有“留头不留发，留发不留头”之谚，其执行的严厉可想。此举是所以摧挫中国的民气的，其用意极为深刻酷毒。缘中国地大而人众，政治向主放任，人民和当地的政府，关系已浅，和中央政府，则几于毫无直接关系，所以朝代的移易，往往刺激不动人民的感情。至于衣服装饰，虽然看似无关紧要，然而习俗相沿，就是一种文化的表征，用兵力侵略的异族，强使故有的民族，弃其旧有的服饰而仿效自己，就不啻摧毁其文化，而且强替其加上一种屈服的标识。这无怪当日的人民，要奋起而反抗了。但是人民无组织已久了，临时的集合，如何能敌得久经征战的军队？所以当日的江南民兵，大都不久即败。南都亡后，明之遗臣，或奉鲁王以海监国绍兴，或奉唐王聿键正位福州，是为隆武帝。清人遣吴三桂陷四川，张献忠败死。别一军下江南，鲁王败走舟山。清兵遂入福建，隆武帝亦殉国，时为1647年。

西南之地，向来和大局是无甚关系的，龙拏虎攫，总在黄河、长江两流域。到明季，情形却又不同了。长江以南，以湘江流域开辟为最早。汉时杂居诸异族，即已大略同化。其资、沅、澧三水流域，则是隋、唐、北宋之世，逐渐开辟的。

1413年，当明成祖之世，贵州之地，始列为布政司。其后水西的安氏、水东的宋氏、播州的杨氏（水西、水东，系分辖贵阳附近新土司的。播州，今遵义县），亦屡烦兵力，然后戡定。而广西桂林的古田、平乐的府江、浔州的大藤峡、梧州的岑溪，明朝亦费掉很大的兵力。云南地方，自唐时，大理独立为国，到元朝才把它灭掉。其时云南的学校，还不知崇祀孔子，而崇祀晋朝的王羲之，货币则所用的是海𧴩。全省大都用土官，就正印是流官的，亦必以土官为之副。但自元朝创立土司制度以来，而我族所以管理西南诸族的，又进一步。其制：异族酋长归顺的，我都授以某某司的名目，如宣慰司、招讨司之类，此之谓土司。有反叛、虐民或自相攻击的，则用政治手腕或兵力戡定，改派中国人治理其地，此之谓“改土归流”。明朝一朝，西南诸省，逐渐改流的不少，政治势力和人民的拓殖，都大有进步。所以到明末，已可用为抗敌的根据地。隆武帝亡后，明人立其弟聿𨮁于广州，旋为叛将李成栋所破。神宗之孙桂王由榔即位肇庆，是为永历帝，亦为成栋所迫，退至桂林。清又使降将孔有德、尚可喜、耿仲明下湖南，金声桓下江西。声桓、成栋旋反正。明兵乘机复湖南，川南、川东亦来归附。桂王一时曾有两广、云、贵、江西、湖南、四川七省之地，然声桓、成栋都系反复之徒，并无能力，不久即败，湖南亦复失。清兵且进陷桂林，永历帝逃到南宁，遣使封张献忠的余党孙可望为秦王。可望虽不过流寇，然其军队久经战阵，战斗力毕竟要强些。可望乃使其党刘文秀攻四川，吴三桂败走汉中；李定国攻桂林，孔有德伏诛。清朝乃派洪承畴守长沙，尚可喜守广东，又派兵驻扎保宁，以守川北，无意于进取了。而永历帝因可望跋扈，密召李定国，可望攻定国，大败，复降清。洪承畴因之请大举。1658年，清兵分三道入滇。定国扼北盘江力战，不能敌，乃奉永历帝走腾越，而伏精兵，大败清之追兵于高黎贡山。清兵乃还。定国旋奉永历帝入缅甸。1661年，吴三桂发大兵十万出边，缅甸人乃奉永历帝入三桂军。明年，被弑，明亡。当永历帝入缅时，刘文秀已前卒。定国和其党白文选崎岖缅甸，欲图恢复，卒皆赍志以终。定国等虽初为寇盗，而其晚节能效忠于国家、民族如此，真可使洪承畴、吴三桂等一班人愧死了。

汉族在大陆上虽已无根据地，然天南片土，还有保存着上国的衣冠的，是为郑成功。郑成功为郑芝龙的儿子。芝龙本系海盗，受明招安的。清兵入闽时，芝龙阴行通款，以致隆武帝败亡。成功却不肯叛国，退据厦门，练兵造船为兴复之计。鲁王被清兵所袭，失去舟山，也是到厦门去依靠他的。清兵入滇时，成功曾大举入江，直迫江宁。后从荷兰人之手，夺取台湾，务农、训兵、定法律、设学校，俨然独立国的规模。清朝平定西南，本来全靠降将之力，所以事定之后，清朝并不能直接统治，乃封尚可喜于广东，耿仲明之子继茂于福建，吴三桂于云南，是为三藩。三藩中，吴三桂功最高，兵亦最强。1673 年，尚可喜因年老，将兵事交给其儿子之信，反为所制，请求撤藩，清人许之。三桂和耿继茂的儿子耿精忠不自安，亦请撤藩，以觇朝意。时清世祖已死，子圣祖在位，年少气盛，独断许之，三桂遂叛清。耿、尚二藩亦相继举兵。清朝在西南，本无实力，三桂一举兵，而贵州、湖南、四川、广西俱下。但三桂暮气不振，既不能弃滇北上，想自出应援陕西响应的兵，又不及，徒据湖南，和清兵相持；耿、尚二藩，本来是反复无常的，此时苦三桂征饷，又叛降清，三桂兵势遂日蹙。1678 年，三桂称帝于衡州。旋死，诸将乖离，其孙世璠，遂于 1681 年为清人所灭。清平定西南，已经出于意外了，如何再有余力，觊觎东南海外之地？所以清朝是时，已有和郑氏言和，听其不剃发、不易衣冠之意。但又有降将作祟。先是郑成功以 1662 年卒，子经袭，初和耿氏相攻，曾略得漳、泉之地。后并失厦门，退归台湾。其将施琅降清，清人用为提督。1681 年，郑经卒，内部乖离。1683 年，施琅渡海入台湾，郑氏亡。

第三十一讲

清代的盛衰

清朝的猾夏，是远较辽、金、元为甚的。这是因为女真民族，在渤海和金朝时，业已经过两度的开化，所以清朝初兴时，较诸辽、金、元，其程度已觉稍高了。当太宗时，已能任用汉人，且能译读《金世宗本纪》，戒谕臣下，勿得沾染华风。入关之后，圈占民地，给旗人住居，这也和金朝将猛安谋克户迁入中原，是一样的政策。他又命旗兵驻防各省，但多和汉人分城而居，一以免其倚势欺凌，挑起汉人的恶感，一亦防其与汉人同化。其尤较金人为刻毒的，则为把关东三省都封锁起来，禁止汉人移殖。他又和蒙古人结婚姻，而且表面上装作信奉喇嘛教，以联络蒙古的感情，而把蒙古也封锁起来，不许汉人移殖，这可称之为“联蒙制汉”政策。他的对待汉人，为前代异族所不敢行的，则为明目张胆，摧折汉人的民族性。从来开国的君主，对于前代的叛臣，投降自己的，虽明知其为不忠不义之徒，然大抵把这一层抹杀不提，甚且还用些能知天命、志在救民等好看的话头，替他掩饰，这个可说是替降顺自己的人，留些面子。清朝则不然，对于投顺它的人，特立贰臣的名目，把他的假面具都剥光了。康、雍、乾三朝，大兴文字之狱，以摧挫士气。乾隆时开四库馆，编辑四库全书，却借此大烧其书。从公元 1763 年到 1782 年二十年之中，共烧书二十四次，被烧掉的书有五百三十八种，一万三千八百六十二部之多。不但关涉清朝的，即和辽、金、元等有关涉的，亦莫不加以毁灭。其不能毁灭的，则加以改窜。他岂不知一手不能掩尽天下目？他所造作的东西，并不能使人相信？此等行为，更不能使人心服？不过肆其狠毒之气，一意孤行罢了。他又开博学鸿词科，设明史馆，以冀网罗明季的遗民。然被其招致的，全是二等以下的人物，真正有志节的，并没有入他彀中的啊！

从前的人民，对于政权，实在疏隔得太厉害了。所以当异族侵入的时候，民心虽然不服，也只得隐忍以待时，清初又是这时候了。从 1683 年台湾郑氏灭亡起，到 1793 年白莲教徒起兵和清朝反抗为止，凡一百一十年，海内可说无大兵革。清圣祖的为人，颇为聪明，也颇能勤于政治；就世宗也还精明。他们是一个新兴的野蛮民族，其骄奢淫逸，比之历年已久的皇室，自然要好些。一切弊政，以明末为鉴，自然也有相当的改良。所以康、雍之世，政治还算清明，财政亦颇有余蓄。到乾隆时，虽然政治业已腐败，社会的元气，亦已暗中凋耗了，然表面上却还维持着一个盛况。

武功是时会之适然。中国的国情，是不适宜于向外侵略的。所以自统一以后，除秦、汉两朝，袭战国之余风，君主有好大喜功的性质，社会上亦有一部分人，喜欢立功泱域外，其余都是守御之师。不过因为国力的充裕，所以只要（一）在我的政治相当清明，（二）在外又无方张的强敌，即足以因利乘便，威行万里。历代的武功，多是此种性质，而清朝亦又逢着这种幸运了。

清朝意大利人——郎世宁所绘《乾隆皇帝大阅图》。

黄埔帆影。相传为煜呱绘于1850年。黄埔是广州的港口，1757—1840年间，广州是中国惟一对外贸易港。

蒙古和西藏的民族，其先都是喜欢侵略的。自唐中叶后，喇嘛教输入吐蕃，而西藏人的性质遂渐变。明末，俺荅的两个儿子侵入青海，其结果，转为青海地方的喇嘛教所感化，喇嘛教因此推行于蒙古，连蒙古人的性质，也渐趋向平和，这可说是近数百年来塞外情形的一个大转变。在清代，塞外的侵略民族，只剩得一个卫拉特了。而其部落较小，侵略的力量不足，卒为清人所摧破。这是清朝人的武功，所以能够煊赫一时的大原因。卫拉特即明代的瓦剌。当土木之变时，其根据地，本在东方。自蒙古复强，它即渐徙而西北。到清时，共分为四部：曰和硕特，居乌鲁木齐。曰准噶尔，居伊犁。曰杜尔伯特，居额尔齐斯河。曰土尔扈特，居塔尔巴哈台。西藏黄教的僧侣，是不许娶妻的。所以其高僧，世世以“呼毕勒罕”主持教务。因西藏人信之甚笃，教权在名

郎世宁绘征讨新疆的清军兵营。

义上，遂出于政权之上。然所谓迷信，其实不过是这么一句话。从古以来，所谓神权政府，都是建立在大多数被麻醉的人信仰之上的，然教中的首领，其实并不迷信，试看其争权夺利，一切都和非神权的政府无异可知。达赖喇嘛，是黄教之主宗喀巴的第一个大弟子，他在喇嘛教里，位置算是最高，然并不能亲理政务，政务都在一个称为“第巴”的官的手里。清圣祖时，第巴桑结，招和硕特的固始汗入藏，击杀了红教的护法藏巴汗，而奉宗喀巴的第二大弟子班禅入居札什伦布，是为达赖、班禅分主前后藏之始。和硕特自此徙牧青海，干涉西藏政权，桑结又恶之，招致准噶尔噶尔丹入藏，击杀了固始汗的儿子达颜汗。准噶尔先已慑服杜尔伯特，逐去土尔扈特，至此其势大张。1688年，越阿尔泰山攻击喀尔喀，三汗部众数十万，同时溃走漠南。清圣祖为之出兵击破噶尔丹。噶尔丹因伊犁旧地，为其兄子策妄阿布坦所据无所归，自杀。阿尔泰山以东平。固始汗的曾孙拉藏汗杀掉桑结。策妄阿布坦派兵入藏，袭杀拉藏汗。圣祖又派兵将其击破。1722年，圣祖死，世宗立。固始汗之孙罗卜藏丹津煽动青海的喇嘛反叛，亦为清兵所破。此时卫拉特的乱势，可谓蔓延甚广，幸皆未获逞志，然清朝亦未能犁庭扫穴。直至1754年，策妄阿布坦之子噶尔丹策凌死，其部落内乱，清高宗才于1757年将其荡平。至于天山南路，则本系元朝察哈尔后王之地，为回教区域。元衰后，回教教主的后裔，有入居喀什噶尔的，后遂握有南路政教之权。准部既平，教主的后裔大小和卓木（大和卓木名布罗尼特，小和卓木名霍集占）和清朝反抗，亦于1759年为清所破灭。清朝的武功，以此时为极盛。天山南北路既定，葱岭以西之国，敖罕、哈萨克、布鲁特、乾竺特、博罗尔、巴达克山、布哈尔、阿富汗等，都朝贡于清，仿佛唐朝盛时的规模。1792年，清朝又用兵于廓尔喀，将其征服，则其兵力又为唐时所未至。对于西南一隅，则清朝的武功，是掩耳盗铃的。当明初，中国西南的疆域，实还包括今伊洛瓦底江流域和萨尔温、眉公两江上游（看《明史·西南土司传》可知）。但中国对于西南，实力并不充足，所以安南暂合而复离，而缅甸亦卒独立为国。中国实力所及，西不过腾冲，南不越普洱，遂成为今日的境界了。1767年，清高宗因缅甸犯边，发兵征之败没。1769年，又派大兵再举，亦仅因其请和，许之而还。这时候，暹罗为缅甸所灭。后其遗臣中国人郑昭，起兵复国，传其养子郑华，以1786年受封于中国，缅甸怕中国和暹罗夹攻它，对中国才渐恭顺。安南之王黎氏，明中叶后为其臣莫氏所篡。清初复国。颇得其臣阮氏之力，而其臣郑氏，以国戚执政，阮氏与之不协，乃南据顺化，形同独立。后为西贡豪族阮氏所灭，是为新阮，而顺化之阮氏，则称旧阮。新阮既灭旧阮，又入东京灭郑氏，并废黎氏。黎氏遗臣告难中国，高宗于1788年为之出兵，击破新阮，复立黎氏。然旋为新阮所袭败，乃因新阮的请降，封之为王。总而言之，中国用兵于后印度，天时地利，是不甚相宜的，所以历代都无大功，到清朝还是如此。清朝用兵域外，虽不得利，然其在湘西、云、贵、四川各省，则颇能竟前代所未竟之功。在今湖南、贵州间，则开辟永顺、乾州、凤皇[①]、永绥、松桃各府、厅；在云南，则将乌蒙、乌撒、东川、镇雄各土官改流（乌蒙，今云南昭通县。乌撒，今贵州威宁县）；在贵州，则平定以古州为中心的大苗疆（古州，今榕江县），这都是明朝未竟的余绪。四川西北的大小金川（大金川，今理番县的绥靖屯。小金川，今懋功县），用兵凡五年，糜饷至七千万，可谓劳费已甚，然综合全局看起来，则于西南的开拓，仍有裨益。

清朝的衰机，可说是起于乾隆之世的。高宗性本奢侈，在位时六次南巡，耗费无艺。中岁后又任用和珅，贪渎为古今所无。官吏都不得不剥民以奉之，上司诛求于下属，下属虐取于人民，于是吏治大坏。清朝历代的皇帝，都是颇能自握魁柄，不肯授权于臣下的。它以异族入主中原，汉族真有大志的人，本来未必帮它的忙。加以其予智自雄，折辱大臣，摧挫言路，抑压士气，自然愈形孤立了。所以到乾、嘉之间，而局面遂一变。

① 凤皇，今作凤凰。

第三十二讲

中西初期的交涉

世界是无一息不变的，人，因其感觉迟钝，或虽有感觉而行为濡滞之故，非到外界变动，积微成著，使其感觉困难时，不肯加以理会、设法应付，正和我们住的屋子，非到除夕不肯加以扫除，以致尘埃堆积，扫除时不得不大费其力一样。中国自有信史以来，环境可说未曾大变。北方的游牧民族，凭恃武力，侵入我国的疆域之内是有的，但因其文化较落后，并不能改变我们的生活方式，而且它还不得不弃其生活方式而从我，所以经过若干年之后，即为我们所同化。当其未被同化之时，因其人数甚少，其暴横和掠夺，也是有一个限度的，而且为时不能甚久。所以我们未曾认为是极大的问题，而根本改变我们的生活方式以应之。至于外国的文明，输入中国的，亦非无有。其中最亲切的，自然是印度的宗教，次之则是古希腊文明，播布于东方的，从中国陆路和西域交通、海路和西南洋交通以后，即有输入。其后大食的文明，输入中国的亦不少。但宗教究竟是上层建筑，生活的基础不变，说一种宗教，对于全社会真会有什么大影响，是不确的。所以佛教输入中国之后，并未能使中国人的生活印度化，反而佛教的本身，倒起了变化，以适应我们的生活了。其余的文明，无论其为物质的、精神的，对社会上所生的影响，更其"其细已甚"。所以中国虽然不断和外界接触，而其所受的外来的影响甚微。至近代欧西的文明，乃能改变生活的基础，而使我们的生活方式，不得不彻底起一个变化，我们应付的困难，就从此开始了。但前途放大光明、得大幸福的希望，亦即寄托在这个大变化上。

西人的东来，有海、陆两路。而海路又分两路：（一）自大西洋向东行，于公元 1516 年绕过好望角，自此而至南洋、印度及中国。（二）自大西洋向西行，于 1492 年发现美洲，1519 年环绕地球，其事都在明武宗之世。初期在海上占势力的是西、葡，后来英、荷继起，势力反驾乎其上。但其在中国，因葡萄牙人独占了澳门之故，势力仍能凌驾各国，这是明末的情形。清初，因与荷兰人有夹攻台湾郑氏之约，许其商船八年一到广东，然其势力，亦远非葡萄牙之敌。我们试将较旧的书翻阅，说及当时所谓洋务时，总是把"通商传教"四字并举的。的确，我们初期和西洋人的接触，不外乎这两件事。通商本两利之道，但这时候的输出入品，还带有奢侈性质，并非全国人所必需，而近世西人的东来，我们却自始对他存着畏忌的心理。这是为什么呢？其（一）中国在军事上，是畏恶海盗的。因为从前的航海之术不精，对海盗不易倾覆其根据地，甚而至于不能发现其根据地。（二）中国虽发明火药，却未能制成近世的枪炮。近世的枪炮，实在是西人制成的，而其船舶亦较我们的船舶为高大，军事上有不敌之势。（三）西人东来的，自然都是些冒险家，不免有暴横的行为。而因传教，更增加了中国畏忌的心理。近代基督教的传布于东方，是由耶稣会 (Jesuit) 开始的。其教徒利玛窦 (Matteo Ricci)，以 1581 年始至澳门，时为明神宗万历五年。后入北京朝献，神宗许其建立天主堂。当时基督教士的传教，是以科学为先驱；而且顺从中国的风俗，不禁华人祭天、祭祖、崇拜孔子的。于是在中国的反应，发生两派：其一如徐光启、李之藻等，服膺其科学，因而亦信仰其宗教。其二则如清初的杨光先等，正因其人学艺之精、传教的热烈，而格外引起其猜忌之心。在当时，科学的价值，不易为一般人所认识，后一派的见解，自然容易得势。但是输入外国的文明，在中国亦由来已久了。在当时，即以历法疏舛，旧有的回回历法，不如西洋历法之精，已足使中国人引用教士，何况和满洲人战争甚烈，需要教士制造枪炮呢？所以 1616 年，基督教一度被禁止传播后，到 1621 年，即因命教士制造枪炮而复解禁。后更引用其人于历局。清初，汤若望(Johann Adam Schall von Bell)亦因历法而被任用。圣祖初年，为杨光先所攻击，一时失势。其后卒因旧法的疏舛，而南怀仁(Ferdinand Verbiest)复见任用。圣祖是颇有科学上的兴趣的，在位时引用教士颇多，然他对于西洋人，根本上仍存着一种畏恶的心理。所以在他御制的文集里，曾说“西洋各国，千百年后，中国必受其累”。这在当时的情势下，亦是无怪其然的。在中国一方面，本有这种心理潜伏着，而在西方，适又有别一派教士，攻击利玛窦一派于教皇，说他们卖教求荣，容许中国的教徒崇拜偶像。于是教皇派多罗(Tournon)到中国来禁止。这在当时的中国，如何能说得明白？于是圣祖大怒，将多罗押还澳门，令葡萄牙人看管，而令教士不守利玛窦遗法的都退出(教皇仍不变其主张，且处不从令的教士以破门之罚。教士传教中国者，遂不复能顺从中国人的习惯，此亦为中西隔阂之一因)。至 1717 年，碣石镇总兵陈昂说：“天主教在各省开堂聚众，广州城内外尤多，恐滋事端，请严旧例严禁。”许之。1723 年，闽浙总督满保请除送京效力人员外，概行安置澳门；各省天主堂，一律改为公廨，亦许之。基督教自此遂被禁止传布，然其徒之秘密传布如故。中国社会上，本有一种所谓邪教，其内容仅得之于传说，是十分离奇的(以此观之，知历

利玛窦像。

徐光启像。

来所谓邪教者的传说，亦必多诬蔑之辞)，至此，遂将其都附会到基督教身上去；再加以后来战败的耻辱，因战败而准许传教，有以兵力强迫传布的嫌疑，遂伏下了几十年教案之根。至于通商，在当时从政治上看起来，并没有维持的必要。既有畏恶外人的心理，就禁决了，也未为不可的。但这是从推理上立说，事实上，一件事情的措置，总是受有实力的人的意见支配的。当时的通商，虽于国计民生无大关系，而在官和商，则都是大利之所在，如何肯禁止？既以其为私利所在而保存之，自然对于外人，不肯不剥削，就伏下了后来五口通商的祸根。海路的交通，在初期，不过是通商传教的关系，至陆路则自始即有政治关系。北方的侵略者，乃蒙古高原的民族，而非西伯利亚的民族，这是几千年以来，历史上持续不变的形势。但到近代欧洲的势力向外发展时，

图为英国人所绘“皇家爱尔兰团在厦门战斗”。图中可见穿着“虎灭羊(洋)”军服的清军。据载，清军还曾定于虎年虎月虎日虎时以生肖属虎的宁夏镇总兵段永福为指挥官，以五虎灭羊(洋)之计反攻英军。

其情形也就变了。15 世纪末叶，俄人脱离蒙古的羁绊而自立。其时可萨克族又附俄(Kazak，即哥萨克)，为之东略。于是西伯利亚的广土，次第被占。至明末，遂达鄂霍次克海，骚扰且及于黑龙江。清初因国内未平，无暇顾及外攘，至三藩既平，圣祖乃对外用兵。其结果，乃有 1688 年的《尼布楚条约》，订定西以额尔古讷河，东自格尔必齐河以东，以外兴安岭为界，俄商得三年一至京师。此约中国得地极广，然俄人认为系用兵力迫胁而成，心怀不服，而中国对边陲，又不能实力经营，遂伏下咸丰时戊午、庚申两约的祸根。当《尼布楚条约》签订时，中、俄的边界问题，还只限于东北方面。其后外蒙古归

签订南京条约（油画）。

降中国（前此外蒙古对清，虽曾通商，实仅羁縻而已），于是俄、蒙的界务，亦成为中、俄的界务。乃有1727年的《恰克图条约》，规定额尔古讷河以西的边界，至沙宾达巴哈为止。自此以西，仍属未定之界。至1755、1759两年，中国次第平定准部、回部，西北和俄国接界处尤多，其界线问题，亦延至咸丰时方才解决。

近代欧人的到广东来求通商，事在1516年，下距五口通商时，业经三百余年了。但在五口通商以前，中国讫未觉得其处于另一个不同的世界中，还是一守其闭关独立之旧。清开海禁，事在1685年，于澳门、漳州、宁波、云台山设关四处。其后宁波的通商，移于定海，而贸易最盛于广东。当时在中

国方面，贸易之权，操于公行之手，剥削外人颇深。外人心抱不平，乃舍粤而趋浙。1758 年，清高宗又命把浙海关封闭，驱归广东，于是外人之不平更甚。英国曾于 1792、1810 年两次派遣使臣到中国，要求改良通商办法，均未获结果。其时中国官吏并不能管理外人，把其事都交给公行。官吏和外人的交涉，一切都系间接。自 1781 年以后，英国在中国的贸易，为东印度公司所专。其代理人，中国谓之大班，一切交涉，都是和他办的。1834 年，公司的专利权被废止。中国说散商不便制驭，传令其再派大班。英人先后派商务监督和领事前来，中国都仍认为是大班，官厅不肯和他平等交涉。适会鸦片输入太甚，因输出入不相抵，银之输出甚多。银在清朝是用为货币的，银荒既甚，财政首受其影响。遂有 1839 年林则徐的烧烟，中、英因此酿成战衅，其结果，于 1842 年在南京订立条约。中国割香港，开广州、厦门、福州、宁波、上海五口通商。废除行商。中、英两国官员，规定了交际礼节。于是前此以天朝自居，英国人在陆上无根据地，及贸易上的制限都除去了。英约定后，法、美、瑞典，遂亦相继和中国立约。惟俄人仍不许在海口通商。中西积久的隔阂，自非用兵力迫胁，可以解除于一时。于是又有 1857 年的冲突。广州失陷，延及京、津。清文宗为之出奔热河。其结果，乃有 1858 年和 1860 年《天津》《北京》两条约。此即所谓咸丰戊午、庚申之役。此两次的英、法条约，系将五口通商以后外人所得的权利，作一个总结束的。领事裁判，关税协定，内地通商及游历、传教，外国派遣使臣，都在此两约中规定。美国的《天津条约》，虽在平和中交换，然因各约都有最惠国条款，所以英、法所享的权利，美国亦不烦一兵而得享之。至于俄国，则自 19 世纪以还，渐以实力经营东方。

清朝抽大烟的人。

至1850年顷，黑龙江北之地，实际殆已尽为所据。至1858年，遂迫胁黑龙江将军奕山，订立《瑷珲条约》，尽割黑龙江以北，而将乌苏里江以东之地，作为两国共管。1860年，又借口调停英、法战事，再立《北京条约》，并割乌苏里江以东。而西北边界，应当如何分划，亦在此约中规定了一个大概。先是伊犁和塔尔巴哈台方面，已许俄国通商，至是再开喀什噶尔，而海口通商及传教之权，亦与各国一律。而且规定俄人得由恰克图经库伦、张家口进京。京城和恰克图间的公文，得由台站行走。于是蒙古、新疆的门户，亦洞开了。总而言之：自1838年林则徐被派到广东查办海口事件起，至1860年各国订立《北京条约》为止，中国初期与外国交涉的问题，告一结束。其所涉及的，为：（一）西人得在海口通商，（二）赴内地通商、游历、传教，（三）税则，（四）审判，（五）沿海航行，（六）中俄陆路通商，（七）边界等问题。

第三十三讲

汉族的光复运动

一个民族，进步到达于某一程度之后，就决不会自忘其为一个独立的民族了。虽然进化的路径，是曲线的，有时不免暂为他族所压服。公元1729年，即清世宗的雍正七年，曾有过这样一道上谕。他说："从前康熙年间，各处奸徒窃发，辄以朱三太子为名，如一念和尚、朱一贵者，指不胜屈。近日尚有山东人张玉，假称朱姓，托于明之后裔，遇星士推算有帝王之命，以此希冀蛊惑愚民，现被步军统领拿获究问。从来异姓先后继统，前朝之宗姓，臣服于后代者甚多，否则隐匿姓名，伏处草野，从未有如本朝奸民，假称朱姓，摇惑人心，若此之众者。似此蔓延不息，则中国人君之子孙，遇继统之君，必至于无噍类而后已，岂非奸民迫之使然乎？"这一道上谕，是因曾静之事而发的。曾静是湖南人，读浙江吕留良之书，受着感动，使其徒张熙往说岳钟琪叛清，钟琪将其事举发。吕留良其时已死，因此遭到了剖棺戮尸之祸。

曾静、张熙暂时免死拘禁，后亦被杀。这件事，向来被列为清朝的文字狱之一，其实乃是汉族图谋光复的实际行动，非徒文字狱而已。1729年，为亡清入关后之八十六年，表面上业已太平，而据清世宗上谕所说，则革命行动的连续不决如此，可见一部分怀抱民族主义的人，始终未曾屈服了。怀抱民族主义的人，是中下流社会中都有的。中流社会中人的长处，在其知识较高，行动较有方策，且能把正确的历史知识，留传到后代，但直接行动的力量较弱。下流社会中人，直接行动的力量较强，但其人智识缺乏，行动起来，往往没有适当的方策，所以有时易陷于失败，甚至连正确的历史，都弄得缪悠了。清朝最大的会党，在北为哥老会，在南为天地会，其传说大致相同。天地会亦称三合会，有人说就是三点会，南方的清水、匕首、双刀等会，皆其支派。据它们的传说：福建莆田县九连山中，有一个少林寺。僧徒都有武艺，曾为清征服西鲁国，后为奸臣所谗，清主派兵去把他们剿灭。四面密布火种，缘夜举火，想把他们尽行烧死。有一位神道，唤作达尊，使其使者朱开、朱光，把十八个和尚引导出来。这十八个和尚，且战且走，十三个战死了。剩下来的五个，就是所谓前五祖。又得五勇士和后五祖为辅，矢志“反湏复汩”。湏就是清字，汩就是明字，乃会中所用的秘密符号。他们自称为洪家。把“洪”字拆开来则是三八二十一，他们亦即用为符号。“洪”字大约是用的明太祖开国的年号洪武；或者“洪”与“红”同音，“红”与“朱”同色，寓的明朝国姓的意思，亦未可知。据他们的传说：他们会的成立，在1674年。曾奉明思宗之裔举兵而无成，乃散而广结徒党，以图后举。此事见于日本平山周所著的《中国秘密社会史》（平山周为中山先生的革命同志，曾身入秘密社会，加以调查）。据他说：“后来三合会党的举事，连续不绝。其最著者，如1787，即清高宗乾隆五十二年台湾林爽文之变便是。1832，即宣宗道光十二年，两广、湖南的瑶乱，亦有三合会党在内。鸦片战争既起，三合会党尚有和海峡殖民地的政府接洽，图谋颠覆清朝的。”其反清复明之志，可谓终始不渝了。而北方的白莲教徒的反清，起于1793年，即乾隆五十八年，蔓延四川、湖北、河南、陕西四省，至1804年，即仁宗嘉庆九年而后平定，此即向来的史家称为川楚教匪，为清朝最大的内乱之始的，其所奉的王发生，亦诈称明朝后裔，可见北方的会党，反清复明之志，亦未尝变。后来到1813年，即嘉庆十八年，又有天理教首林清，图谋在京城中举事，至于内监亦为其内应，可见其势力之大。天理教亦白莲教的支派余裔，又可见反清复明之志，各党各派，殊途同归了。而其明目张胆、首传讨胡之檄的则为太平天国。

太平天国天王洪秀全，系广东花县人，生于1812年，恰在民国纪元之前百年。结合下流社会，有时是不能不利用宗教作工具的。广东和外人交通早，所以天王所创的宗教，亦含有西教的意味。他称耶和华为天父，基督为天兄，而己为其弟。乘广西年饥盗起，地方上有身家的人所办的团练，和贫苦的客民冲突，以1850年，起事于桂平的金田村。明年，下永安，始建国号。又明年，自湖南出湖北，沿江东下。1853年，遂破江宁，建都其地，称为天京。当天国在永安时，有人劝其北出汉中，以图关中；及抵武、汉时，又有人劝其全军北上，天王都未能用。既据江宁，耽于声色货利，不免渐流于腐败。天王之为人，似只长于布教，而短于政治和军事。委政于东王杨秀清，尤骄恣非大器。始起诸王，遂至互相残杀。其北上之军，既因孤行无援，而为清人所消灭。溯江西上之兵，虽再据武、汉，然较有才能的石达开，亦因天京的政治混乱，而和中央脱离了关系。清朝却得曾国藩，训练湘军，以为新兴武力的中坚。后又得李鸿章，招募淮军，以为之辅。天国徒恃一后起之秀的李秀成，只身支柱其间，而其余的政治军事，一切都不能和他配合。虽然兵锋所至达十七省（内地十八省中，惟甘肃未到），前后共历十五年，也不得不陷于灭亡的悲运了。太平天国的失败，其责实不在于军事而在于政治。它的

上（从左至右）：曾国藩、李鸿章、张之洞。

中（从左至右）：左宗棠、郭嵩焘、刘坤一。

下（从左至右）：周馥、胡雪岩、戴鸿慈。

兵力，是够剽悍的。其扎实垒、打死仗的精神，似较之湘、淮军少逊，此乃政治不能与之配合之故，而不能悉归咎于军事。若再推究得深些，则其失败，亦可以说是在文化上。（一）社会革命和政治革命，很不容易同时并行，而社会革命，尤其对社会组织，前因后果，要有深切的认识，断非头脑简单、手段灭裂的均贫富主义所能有济。中国的下流社会中人，是向来有均贫富的思想的，其宗旨虽然不错，其方策则决不能行。今观太平天国所定的把天下田亩，按口均分；二十五家立一国库，婚丧等费用，都取给国库，私用有余，亦须缴入国库等，全是极简单的思想，极灭裂的手段。知识浅陋如此，安能应付一切复杂的问题？其政治的不免于紊乱，自是势所必然了。（二）满洲人入据中原，固然是中国人所反对，而是时西人对中国，开始用兵力压迫，亦为中国人所深恶的，尤其是传教一端，太平天国初起时，即发布讨胡之檄。"忍令上国衣冠，沦于夷狄？相率中原豪杰，还我河山"，读之亦使人气足神王。倘使他们有知识，知道外力的压迫，由于满清的失政，郑重提出这一点，固能得大多数人的赞成；即使专提讨胡，亦必能得一部分人的拥护。而他们后来，对此也模糊了，反而到处传播其不中不西的上帝教，使反对西教的士大夫，认他为文化上的大敌，反而走集于清朝的旗帜之下。这是太平天国替清朝做了掩蔽，而反以革命的对象自居，其不能成事，实无怪其然了。湘、淮军诸将，亦是一时人杰。并无一定要效忠于满清的理由，他们的甘为异族作伥，实在是太平天国的举动，不能招致豪杰，而反为渊殴鱼。所以我说它政治上的失败，还是文化上的落后。

和太平天国同时的，北方又有捻党，本蔓延于苏、皖、鲁、豫四省之间。1864 年，天国亡，余众多合于捻，而其声势乃大盛。分为东西两股。清朝任左宗棠、李鸿章以攻之。至 1867、1868 两年，然后先后平定。天国兵锋，侧重南方，到捻党起，则黄河流域各省，亦无不大被兵灾了，而回乱又起于西南，

“阎美人”绘《太平军北伐图》。相传为1853年，杨柳青年画画师“阎美人”为太平军在杨柳青东大寺所作壁画绘稿。

而延及西北。云南的回乱，起于1855年，至1872年而始平，前后共历十八年。西北回乱，则起于1862年，自陕西延及甘肃，并延及新疆。浩罕人借兵给和卓木的后裔，入据喀什喀尔。后浩罕之将阿古柏帕夏杀和卓木后裔而自立，意图在英、俄之间，建立一个独立国。英、俄都和他订结通商条约，且曾通使土耳其。英使且力为之请，欲清人以天山南北路之地封之。清人亦有以用兵劳费，持是议者。幸左宗棠力持不可。西捻既平之后，即出兵以攻叛回。自1875年至1878年，前后共历四年，而南北两路都平定。阿古柏帕夏自杀。当回乱时，俄人虽乘机占据伊犁，然事定之后，亦获返还。虽然划界时受损不少，西北疆域，大体总算得以保全。

清朝的衰机，是潜伏于高宗，暴露于仁宗，而大溃于宣宗、文宗之世的。

当是时，外有五口通商和咸丰戊午、庚申之役，内则有太平天国和捻、回的反抗，几于不可收拾了。其所以能奠定海宇，号称中兴，全是一班汉人，即所谓中兴诸将，替它效力的。清朝从道光以前，总督用汉人的很少，兵权全在满族手里。至太平天国兵起，则当重任的全是汉人。文宗避英法联军，逃奔热河，1861 年，遂死于其地。其时清宗室中，载垣、端华、肃顺三人握权。载垣、端华亦是妄庸之徒，肃顺则颇有才具，力赞文宗任用汉人，当时内乱的得以削平，其根基实定于此。文宗死，子穆宗立。载垣、端华、肃顺等均受遗诏，为赞襄政务大臣。文宗之弟恭亲王奕䜣，时留守京师，至热河，肃顺等隔决之，不许其和文宗的皇后钮钴禄氏和穆宗的生母叶赫那拉氏相见。后来不知如何，奕䜣终得和她们相见了，密定回銮之计。到京，就把载垣、端华、肃顺都杀掉。于是钮钴禄氏和叶赫那拉氏同时垂帘听政（钮钴禄氏称母后皇太后，谥孝贞。叶赫那拉氏称圣母皇太后，死谥孝钦。世称孝贞为东宫太后，孝钦为西宫太后），钮钴禄氏是不懂得什么的，大权都在叶赫那拉氏手里。叶赫那拉氏和肃顺虽系政敌，对于任用汉人一点，却亦守其政策不变，所以终能削平大难。然自此以后，清朝的中央政府即无能为，一切内政、外交的大任，多是湘、淮军中人物，以疆臣的资格决策或身当其冲。军机及内阁中，汉人的势力亦渐扩张。所以在这个时候，满洲的政权，在实际上已经覆亡了，只因汉人一方面，一时未有便利把它推倒，所以名义又维持了好几十年。

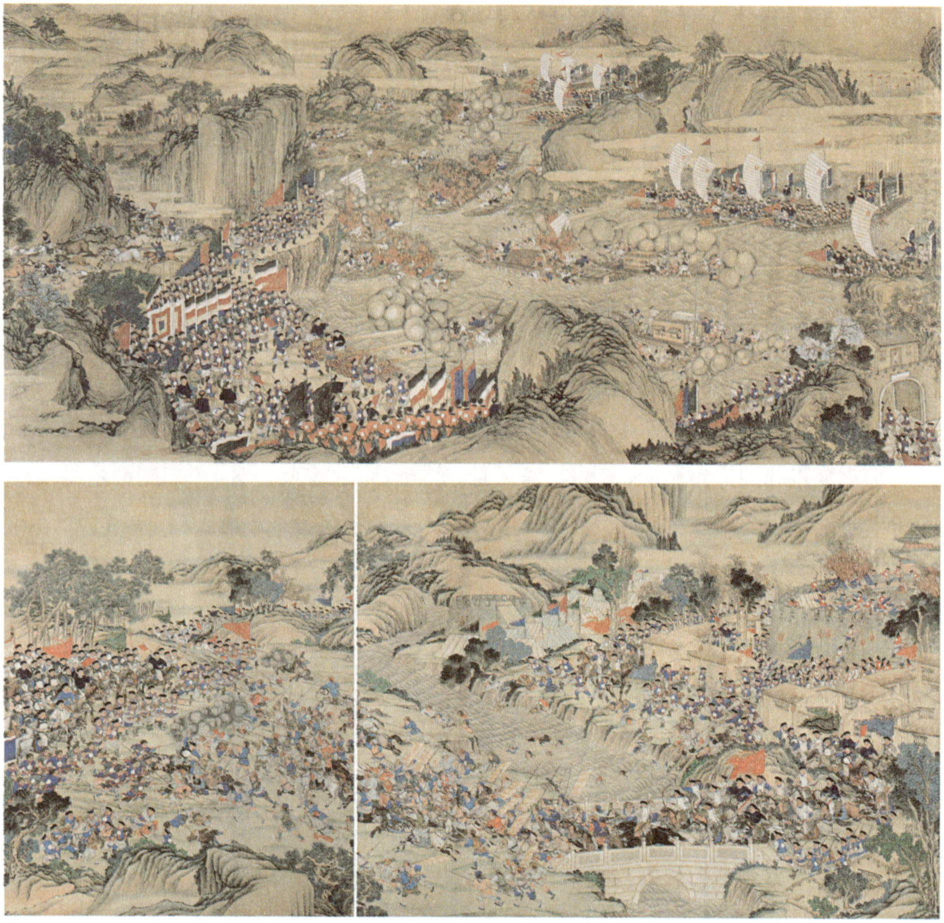

《湘军九洲战图》描绘了湘军于同治二年(1863年)五月在南京九洲大战太平军，并取得决定性胜利的场景。清人绘，图高137.5厘米、宽290厘米；上谕高120.5厘米、宽242厘米。描绘湘军与太平军作战的绘画很多，大多为版画册页，篇幅甚小，惟清人绘《湘军九洲战图》篇幅巨大，场面宏伟。战图所绘山川、水域、船只、战舰、人马、枪炮皆有所据，是一幅历史价值和艺术水平很高的绘画。许多生动场面和文字记录补充了正史记载之不足。2010年该图由保利拍卖，以5500万的价格落槌。

《湘军破太平军图》（局部）。

第三十四讲

清朝的衰乱

太平天国既亡，捻、回之乱复定，清朝一时号称中兴。的确，遭遇如此大难，而一个皇室，还能维持其政权于不敝的，在历史上亦很少见。然清室的气运，并不能自此好转，仍陵夷衰微以至于覆亡，这又是何故呢？这是世变为之。从西力东侵以后，中国人所遭遇到的，是一个旷古未有的局面，决非任何旧方法所能对付。孝钦皇后，自亦有其相当的才具，然她的思想是很陈旧的。试看她晚年的言论，还时时流露出道、咸时代人的思想来可知。大约她自入宫以后，就和外边隔绝了，时局的真相如何，她是不得而知的。她的思想，比较所谓中兴名臣，还要落后许多。当时应付太平天国，应付捻、回，所用的都是旧手段，她是足以应付的。内乱既定之后，要进而发愤自强，以御外患，就非她所能及了。不但如此，即当时所谓中兴名臣，要应付这时候的时局，也远觉不够。他们不过任事久了，经验丰富些，知道当时的一种迂阔之论不足用，他们亦觉得中国所遭遇的，非复历史上所有的旧局面，但他们所感觉到的，只是军事。因军事而牵及于制造，因制造而牵及于学术，如此而已。后来的人所说的“西人自有其立国之本，非仅在械器之末”，断非这时候的人所能见得到的，这亦无怪其然。不但如此，在当时中兴诸将中，如其有一个首领，像晋末的宋武帝一般，入据中央，大权在握，而清朝的皇帝，仅保存一个名义，这一个中央政府，又要有生气些。而无如中兴诸将，地丑德齐，没有这样的一个人物。而且他们多数是读书人，既有些顾虑君臣的名义，又有些顾虑到身家、名誉，不敢不急流勇退。清朝对于汉人，自然也不敢任之过重。所以当时主持中枢的，都是些智识不足、软弱无力，甚至毫无所知之人。士大夫的风气，在清时本是近于阘茸而好利的。湘军的中坚人物，一时曾以坚贞任事的精神为倡。然少数人的提倡，挽回不过积重的风气来，所以大乱平定未久，而此种精神，即已迅速堕落。官方士习，败坏如故。在同、光之世，曾产生一批所谓清流，喜唱高调，而于事实茫无所知，几于又蹈宋、明人的覆辙。幸而当时的情势，不容这一种人物发荣滋长，法越之役，其人有身当其冲而失败的，遂亦销声匿迹了，而士大夫仍成为一奄奄无气的社会。政府和士大夫阶级，其不振既如此，而宫廷之间，又发生了变故。清穆宗虽系孝钦后所生，顾与孝钦不协。立后之时，孝贞、孝钦，各有所主。穆宗顺从了孝贞的意思。孝钦大怒，禁其与后同居。穆宗郁郁，遂为微行，致疾而死。醇亲王奕譞之妻，为孝钦后之妹，孝钦因违众议立其子载湉，是为德宗。年方四岁，两宫再临朝。后孝贞后忽无故而死，孝钦后益无忌惮。宠任宦官，骄淫奢侈，卖官鬻爵，无所不为。德宗亲政之后，颇有意于振作，而为孝钦所扼，母子之间，嫌隙日深，就伏下戊戌政变的根源了。

内政的陵夷如此，外交的情势顾日急。中国历代所谓藩属，本来不过是一个空名，实际上得不到什么利益的。所以论政之家，多以疲民力、勤远略为戒。

但到西力东侵以来，情形却不同了。所谓藩属，都是屏蔽于国境之外的，倘使能够保存，敌国的疆域，既不和我国直接，自然无所肆其侵略。所以历来仅有空名的藩属，到这时候，倒确有藩卫的作用了。但以中国外交上的习惯和国家的实力，这时候，如何说得上保存藩属？于是到19世纪，而朝贡于中国之国，遂悉为列强所吞噬。我们现在先从西面说起：哈萨克和布鲁特，都于公元1840年顷，降伏于俄。布哈尔、基华，以1873年，沦为俄国的保护国。浩罕以1876年为俄所灭。巴达克山以1877年受英保护。乾竺特名为两属，实际上我亦无权过问。于是自葱岭以西朝贡之国尽了。其西南，则哲孟雄，当英法联军入北京之年，英人即在其境内获得铁路敷设权。缅甸更早在1826年和1851年，和英人启衅战败，先后割让阿萨密、阿剌干、地那悉林及白古，沿海菁华之地都尽。安南旧阮失国后，曾介教士乞援于法。后来乘新阮之衰，借暹罗之助复国，仍受封于中国，改号为越南。当越南复国时，法国其实并没给与多大的助力。然法人的势力，却自此而侵入，交涉屡有葛藤。至1874年，法人遂和越南立约，认其为自主之国。我国虽不承认，法国亦置诸不理。甚至新兴的日本，亦于1879年将自明清以来受册封于中国的琉球灭掉。重大的交涉，在西北，则有1881年的《伊犁条约》。当回乱时，伊犁为俄国所据，中国向其交涉，俄人说：不过代中国保守，事定即行交还的。及是，中国派了一个昏聩糊涂的崇厚去，只收回了一个伊犁城，土地割弃既多，别种权利，丧失尤巨。中国将崇厚治罪，改派了曾纪泽，才算把地界多收回了些，别种条件，亦略有改正。然新疆全境，都准无税通商；肃州、吐鲁番，亦准设立领事；西北的门户，自此洞开了。在西南，则英国屡求派员自印度经云南入西藏探测，中国不能拒，许之。1857年，英人自印度实行派员入滇，其公使又遣其参赞，自上海至云南迎接。至腾越，为野人所杀。其从印度来的人员，亦被人持械击阻。这件事，云贵总督岑毓英，实有指使的嫌疑，几至酿成重

清朝慈禧皇太后画像。

列强分割中国漫画。

大的交涉。次年，乃在芝罘订立条约：允许滇、缅通商，并开宜昌、芜湖、温州、北海为商埠。许英国派员驻扎重庆，察看商务情形，俟轮船能开抵时，再议开埠事宜。此为西人势力侵入西南之始。至1882年，而法、越的战事起。我兵初自云南、广西入越的都不利，海军亦败于福州。然后来冯子材有镇南关之捷，乘势恢复谅山。法人是时的情形，亦未能以全力作战，实为我国在外交上可以坚持的一个机会，但亦未能充分利用。其结果，于1885年，订立条约，承认法国并越，并许在边界上开放两处通商（后订开龙州、蒙自、蛮耗。

1895 年之约，又订以河口代蛮耗，增开思茅）。英人乘机，于 1885 年灭缅甸，中国亦只得于其明年立约承认。先是《芝罘条约》中，仍有许英人派员入藏的条款，至是，中国乘机于《缅约》中将此款取消。然及 1888 年，英、藏又在哲孟雄境内冲突，至 1890 年，中国和英人订立《藏印条约》，遂承认哲孟雄归英保护。1893 年，续议条约，复订开亚东关为商埠，而藏人不肯履行，又伏下将来的祸根。

对外交涉的历次失败，至 1894 年中日之战而达于极点。中、日两国，同立国于东方，在历史上的关系，极为深切，当西力东侵之际，本有合作御侮的可能。但这时候，中国人对外情太觉隔阂，一切都不免以猜疑的态度出之，而日方则褊狭性成，专务侵略，自始即不希望和中国合作。中、日的订立条约，事在 1871 年。领判权彼此皆有。进口货物，按照海关税则完纳，税则未定的，则值百抽五，亦彼此所同。内地通商，则明定禁止。在中国当日，未始不想借此为基本，树立一改良条约之基，然未能将此意开诚布公，和日本说明。日本则本不想和中国合作，而自始即打侵略的主意，于是心怀不忿。至 1874 年，因台湾生番杀害日本漂流的人民，径自派兵前往攻击。1879 年，又灭琉球。交涉屡有葛藤，而衰微不振的朝鲜，适为日本踏上大陆的第一步，遂成为中、日两国权利冲突的焦点。1894 年，日人预备充足，蓄意挑衅，卒至以兵戎相见。我国战败之后，于其明年，订立《马关条约》。除承认朝鲜自主外，又割台湾和辽东半岛，赔款至二万万两。改订通商条约，悉以中国和泰西各国所定的约章为准，而开辟沙市、重庆、苏州、杭州为商埠，日人得在通商口岸从事于制造，则又是泰西各国所求之历年，而中国不肯允许的。此约既定之后，俄国联合德、法，加以干涉，日人乃加索赔款三千万两，而将辽东还我。因此而引起 1896 年的《中俄密约》，中国许俄国将西伯利亚铁路经过黑、吉两省而达到海参崴。当时传闻，俄国还有租借胶州湾的密约，

这是日本画家描绘的、清军与八国联军在天津机器局战斗的插图。机器局失守后，因失去弹药接济，天津很快失陷。

于是引起德国的强占胶州湾，而迫我立九十九年租借之约，并获得建造胶济铁路之权。俄人因此而租借旅、大，并许其将东省铁路，展筑一支线。英人则租借威海卫，法人又租借广州湾。我国沿海业经经营的军港，就都被占据了。其在西南：则法国因干涉还辽之事，向我要索报酬。于 1895 年订立《续议界务商务专条》，云南、两广开矿时，许先和法人商办。越南已成或拟设的铁路，得接至中国境内。并将前此允许英国不割让他国的孟连、江洪的土地，割去一部分。于是英国再向我国要求，于 1897 年，订立《中缅条约附款》。云南铁路，允与缅甸连接，而开放三水、梧州和江根墟。外人的势力，侵入西南

光绪皇帝画像。

康有为像。

益深了。又自俄、德两国，在我国获得铁路敷设权以来，各国亦遂互相争夺。俄人初借比国人出面，获得芦汉铁路的敷设权。英人因此要求津镇、河南到山东、九广、浦信、苏杭甬诸路。俄国则要求山海关以北铁路，由其承造。英国又捷足先得，和中国订定了承造牛庄至北京铁路的合同。英、俄旋自相协议，英认长城以北的铁路，归俄承造，俄人则承认长江流域的铁路，归英承造。英、德又自行商议，英认山西及自山西展筑一路至江域外，黄河流域的铁路归德，德认长江流域的铁路归英。凡铁路所至之处，开矿之权利亦随之。各国遂沿用分割非洲时的手段，指我国之某处，为属于某国的势力范围，而要求我以条约或宣言，承认其地不得割让给别国。于是瓜分之论，盛极一时，而我国人亦于其时警醒了。

第三十五讲

清朝的覆亡

自西力东侵，而中国人遭遇到旷古未有的变局。值旷古未有的变局，自必有非常的手段，然后足以应付之，此等手段，自非本来执掌政权的阶级所有，然则新机从何处发生呢？其一起自中等阶级，以旧有的文化为根柢的，是为戊戌维新。其二以流传于下级社会中固有的革命思想为渊源，采取西洋文化，而建立成一种方案的，则为辛亥革命。戊戌变法，康有为是其原动力。康有为的学问，是承袭清代经学家今文之学的余绪，而又融合佛学及宋、明理学而成的。（一）因为他能承受今文之学的“非常异义”，所以能和西洋的民主主义接近。（二）因为他能承受宋学家彻底改革的精神，所以他的论治，主于彻底改革，主张设治详密，反对向来“治天下不如安天下，安天下不如与天下安”的苟简放任政策。（三）主张以中坚阶级为政治的重心，则士大夫本该有以天下为已任的大志，有互相团结的精神。宋、明人的讲学，颇有此种风概。

入清以来，内鉴于讲学的流弊，外慑于异族的淫威，此等风气，久成过去了。康有为生当清代威力已衰，政令不复有力之时，到处都以讲学为事。他的门下，亦确有一班英多磊落之才。所以康有为的学问及行为，可以说是中国旧文化的复活。他当甲午战前，即已上书言事。到乙未之岁，中、日议和的时候，他又联合入京会试的举人，上书主张迁都续战，因陈变法自强之计。书未得达。和议成后，他立强学会于北京，想联合士大夫，共谋救国。会被封禁，其弟子梁启超走上海，主持《时务报》旬刊，畅论变法自强之义。此报一出，风行海内，而变法维新，遂成为一时的舆论。康有为又上书两次。德占胶州湾时，又入京陈救急之计。于是康有为共上书五次，只一次得达。德宗阅之，颇以为然。岁戊戌，即 1898 年，遂擢用有为等以谋变法。康有为的宗旨，在于大变和速变。大变所以谋全盘的改革，速变则所以应事机而振精神。他以为变法的阻力，都是由于有权力的大臣，欲固其禄位之私，于是劝德宗勿去旧衙门，但设新差使。他以为如此即可减少阻力。但阻碍变法的，固非尽出于保存禄位之私；即以保存禄位论，权已去，利亦终不可保，此固不足以安其心。何况德宗和孝钦后素有嫌隙，德宗又向来无权，于是有戊戌的政变。政变以后，德宗被幽，有为走海外，立保皇党，以推翻孝钦后，扶德宗亲政相号召。然无拳无勇，复何能为？而孝钦后以欲捕康、梁不得；欲废德宗，又为公使所反对，迁怒及于外人。其时孝钦后立端郡王载漪之子溥俊为大阿哥，载漪因急欲其子正位，宗戚中亦有附和其事、冀立拥戴之功的。而极陈旧的，“只要中国人齐心，即可将外国人尽行逐去，回复到闭关时代之旧”的思想，尚未尽去。加以下层社会中人，身受教案切肤之痛，益以洋人之强惟在枪炮，而神力可以御枪炮之说，遂至酿成 1900 年间义和团之乱。亲贵及顽固大臣，因欲加以利用，乃有纵容其在京、津间杀教士，焚教堂，拆铁路，倒电杆，见新物则毁，见用洋货的人则杀的怪剧。并伪造外人的要求条件，以恐吓孝钦后，而迫其

末代皇帝溥仪和父亲载沣、弟弟溥杰的合影。

与各国同时宣战。意欲于乱中取利，废德宗而立溥俊。其结果，八国联军入京城，德宗及孝钦后走西安。1901年的和约，赔款至四百五十兆。京城通至海口路上的炮台，尽行拆去。且许各国于其通路上驻兵。又划定使馆区域，许其自行治理、防守。权利之丧失既多，体面亦可谓丧失净尽了。是时东南诸督抚，和上海各领事订立互保之约，不奉北京的伪令。虽得将战祸范围缩小，然中央的命令，自此更不行于地方了。而黑龙江将军又贸然向俄人启衅，致东三省尽为俄人所占。各国与中国议和时，俄人说东三省系特别事件，不肯并入和约之中讨论，幸保完整的土地，仍有不免于破碎之势。庚子一役闯出的大祸如此。而孝钦后自回銮以后，排外变而为媚外；前此之力阻变革者，至此则变为貌行新政，以敷衍国民。宫廷之中，骄奢淫逸，朝廷之上，昏庸泄沓如故。满清政府至此，遂无可维持，而中国国民，乃不得不自起而谋政治的解决。

19世纪之末，瓜分之论，盛极一时，已见上一讲。1899年，美国国务卿海约翰氏(John Hay)乃通牒英、俄、法、德、意、日六国，提出门户开放主义。其内容为：(一)各国对于中国所获得的利益范围或租借地域，或他项既得权利，彼此不相干涉。(二)各国范围内各港，对他国入港商品，都遵守中国现行海关税率，课税由中国征收。(三)各国范围内各港，对他国船舶所课入口税，不得较其本国船舶为高，铁路运费亦然。这无非要保全其在条约上既得的权利。既要保全条约上的权利，自然要连带而及于领土保全，因为领土设或变更，既成的条约，在该被变更的领土上，自然无效了。六国都覆牒承认。然在此时，俄国实为侵略者，逮东三省被占而均势之局寝破。此时英国方有事于南非，无暇顾及东方，乃和德国订约，申明门户开放、领土保全之旨。各国都无异议。惟俄人主张其适用限于英、德的势力范围。英国力持反对。德国和东方，关系究竟较浅，就承认俄国人的主张了。于是英国觉得在东方，要和俄国相抗，非有更强力的外援不可，乃有1902年的英、日同盟。俄国亦联合法国，发表宣言，说如因第三国的侵略或中国的扰乱，两国利益受到侵害时，应当协力防卫。这时候，日本对于我国东北的利害，自然最为关切，然尚未敢贸然与俄国开战，乃有满、韩交换之论。大体上，日本承认俄国在东三省的权利，而俄人承认日本在韩国的权利。而俄人此时甚骄，并此尚不肯承认，其结果，乃有1904年的日俄战争。俄国战败，在美国的朴资茅斯，订立和约。俄人放弃在韩国的权利，割库页岛北纬五十度以南之地与日。除租借地外，两国在东三省的军队都撤退，将其地交还中国。在中国承认的条件之下，将旅顺、大连湾转租与日，并将东省铁路支线，自长春以下，让给日本。清廷如何能不承认?乃和日本订立《会议东三省事宜协议》，除承认《朴资茅斯条约》中有关中国的款项外，并在三省开放商埠多处。军用的安奉铁路，许日人改为商用铁路。且许合资开采鸭绿江左岸材木。于是东北交涉的葛藤，纷纷继起，侵略者的资格，在此而不在彼了。当日俄战争时，英国乘机派兵入藏，达赖出奔。英人和班禅立约，开江孜、噶大克为商埠。非经英国许可，西藏的土地不得租、卖给外国人。铁路、道路、电线、矿产，不得许给外国或外国人。一切入款、银钱、货物，不得抵押给外国或外国人。一切事情，都不受外国干涉，亦不许外国派官驻扎和驻兵。中国得报大惊，然与英人交涉无效，不得已，乃于1906年，订立《英藏续约》，承认《英藏条约》为附约，但声明所谓外国或外国人者，不包括中国或中国人在内而止。在东北方面，中国拟借英款敷设新法铁路，日人指为南满铁路的平行线(东省铁路支线，俄人让给日本的，日人改其名为南满路)，中国不得已，作罢，但要求建造锦齐铁路时，日不反对。中国因欲借英、美的款项，将锦齐铁路延长至瑷珲。日人又唆使俄人出而反抗，于是美国人有满洲铁路中立的提议。其办法：系由各国共同借款给中国，由中国将东三省铁路赎回。在借款未还清前，由各国共同管理，禁止政治上、军事上的使用。议既出，日、俄两国均提出抗议。这时候，因英、美两国欲伸张势力于东北而无所成，其结果反促成日、俄的联合。两国因此订立协约，声明维持满洲现状，现状被迫时，彼此互相商议。据说此约别有密约，俄国承认日本并韩，而日本承认俄国在蒙、新方面的行动。此约立于1910年。果然，日本于其年即并韩，而俄人对蒙、新方面，亦于其明年提出强硬的要求，且用哀的美敦书迫胁中国承认了。

外力的冯凌，实为清季国民最关心的事项。清朝对于疆土的侵削，权利的丧失，既皆熟视而无可如何，且有许多自作孽的事情，以引进外力的深入。国民对于清政府，遂更无希望，且觉难于容忍。在庚子以前，还希冀清朝变法图强的，至庚子以后，则更无此念，激烈的主张革命，平和的也主张立宪，所要改革的，不是政务而是政体了。革命的领导者孙中山先生，是生于中国的南部，能承袭明季以来的民族革命思想，且能接受西方的民治主义的。他当 1885 年，即已决定颠覆清朝，创建民国。1892 年在澳门立兴中会。其后漫游欧、美，复决定兼采民生主义，而三民主义，于是完成。自 1892 年以来，孙中山屡举革命之帜。其时所利用的武力，主要的为会党，次之则想运动防军。然防军思想多腐败，会党的思想和组织力，亦嫌其不足用，是以屡举而无成。自戊戌政变以后，新机大启，中国人士赴外国留学者渐多，以地近费省之故，到日本去的尤多。以对朝政的失望，革命、立宪之论，盛极一时。1905 年，中山先生乃赴日本，将兴中会改组为同盟会。革命团体至此，始有中流以上的人士参加。中山先生说："我至此，才希望革命之事，可以及身见其有成。"中流以上的人士，直接行动的能力，虽似不如下流社会，然因其素居领导的地位，在宣传方面的力量，却和下流社会中人，相去不可以道里计，革命的思潮，不久就弥漫全国了。素主保皇的康有为，在此时，则仍主张君主立宪。

其弟子梁启超，是历年办报、在言论界最有权威的。初主革命，后亦改从其师的主张，在所办的《新民丛报》内，发挥其意见，和同盟会所出的《民报》，互相辩论，于是立宪、革命成为政治上的两大潮流。因对于清朝的失望，即内外臣工中，亦有主张立宪的。日俄战争而后，利用日以立宪而胜，俄以专制而败为口实，其议论一时尤盛。清朝这时候，自己是并无主张的。于是于1906年，下诏预备立宪。俟数年后，察看情形，以定实行的期限。人民仍不满足。1908年，下诏定实行立宪之期为九年。这一年冬天，德宗和孝钦后相继而死。德宗弟醇亲王载沣之子溥仪立。年幼，载沣摄政，性甚昏庸。其弟载洵、载涛则恣意妄为。居政府首席的庆亲王奕劻，则老耄而好贿，政局更形黑暗。人民屡请即行立宪，不许。1910年，号称为国会预备的资政院，亦以为请，乃勉许缩短期限，于三年后设立国会。然以当时的政局，眼见得即使召集国会，亦无改善的希望，人民仍觉得灰心短气。而又因铁路国有问题，和人民大起冲突。此时的新军，其知识，已非旧时军队之比；其纪律和战斗力，自亦远较会党为强。因革命党人的热心运动，多有赞成革命的。1911年10月10日，即旧历辛亥八月十九日，革命军起事于武昌。清朝本无与立，在无事时，亲贵虽欲专权，至危急时，仍不得不起用袁世凯。袁世凯亦非有诚意扶持清朝的，清人力尽势穷，遂不得不于其明年即中华民国元年二月十二日退位。沦陷了二百六十八年的中华，至此光复；且将数千年来的君主专制政体，一举而加以颠覆。自五口通商，我国民感觉时局的严重，奋起而图改革，至此不过七十年，而有如此的大成就，其成功，亦不可谓之不速了。

第三十六讲

革命途中的中国

语云："大器晚成"，一人尚然，而况一国？中华民国的建立，虽已三十年，然至今仍在革命的途中，亦无怪其然了。策励将来，端在检讨以往，我现在，且把这三十年来的经过，述其大略如下：

民国的成立，虽说是由于人心的效顺，然以数千年来专制的积重，说真能一朝涤除净尽，自然是无此理的。大约当时最易为大众所了解的，是民族革命，所以清朝立见颠覆。而袁世凯则仍有运用阴谋，图遂其个人野心的余地。民党当日亦知道袁世凯之不足信，但为避免战祸，且急图推翻清朝起见，遂亦暂时加以利用。孙中山先生辞临时大总统之职，推荐袁世凯于参议院。于是袁世凯被举为临时大总统。民党因南方的空气，较为清新，要其到南京来就职。袁世凯自然不肯来，乃唆使京、津、保定的兵哗变。民党乃只得听其在北京就职。此时同盟会已改组为国民党，自秘密的革命团体变成公开的政党。

孙中山先生知道政局暂难措手，主张国民党退居在野的地位，而自己则专办实业。然是时的国民党员，不能服从党纪，不听。二年四月八日，国会既开，国民党议员，乃欲借国会和内阁的权力，从法律上来限制袁氏。这如何会有效？酝酿复酝酿，到底有二年七月间的二次革命。二次革命失败后，孙中山先生在海外组织中华革命党。鉴于前此以纪律不严而败，所以此次以服从党魁为重要的条件。然一时亦未能为有效的活动。而袁氏在国内，则从解散国民党，进而停止国会议员的职务，又解散省议会，停办地方自治，召开约法会议，擅将宪法未成以前的根本大法《临时约法》修改为《中华民国约法》，世称为《新约法》，而称《临时约法》为《旧约法》。又立参议院，令其代行立法权。共和政体，不绝如缕。至四年底，卒有伪造民意帝制自为之举。于是护国军起于云南。贵州、两广、浙江、四川、湖南，先后响应。山东、陕西境内，亦有反对帝制的军队。袁氏派兵攻击，因人心不顺，无效，而外交方面，又不顺利，乃于五年三月间下令将帝制取消，商请南方停战。南方要求袁氏退位，奉副总统黎元洪为大总统。事势陷于僵持。未久，袁氏逝世，黎氏代行职权，恢复《临时约法》和国会，问题乃得自然解决。然为大局之梗者，实并非袁氏一人。袁氏虽非忠贞，然当其未至溃败决裂时，北洋系军人，究尚有一个首领。到袁氏身败名裂之后，野心军人，就更想乘机弄权。当南方要求袁氏退位而袁氏不肯时，江苏将军就主张联合未独立各省，公议办法。通电说：“四省若违众论，固当视同公敌；政府若有异议，亦当一致争持”，这已经不成话了。后来他们又组织了一个各省区联合会，更形成了一种非法的势力。六年二月，因德国宣布无限制潜艇战争，我国与德绝交。国务总理段祺瑞进而谋对德参战。议案被国会搁置。各省、区督军、都统，遂分呈总统和国务总理，借口反对宪法草案，要求解散国会。黎总统旋免段祺瑞之职。安徽遂首先宣告和中央脱离关系。直隶、山东、山西、河南、陕西、奉天、黑龙江、浙江、福建等省继之。在天津设立军务总参谋处。通电说："出兵各省，意在另订根本大法，设立临时政府和临时议会"，这更显然是谋叛了。黎总统无可如何，召安徽督军张勋进京共商国是。张勋至天津，迫胁黎总统解散国会而后入。七月一日，竟挟废帝溥仪在京复辟。黎总统走使馆，令副总统冯国璋代行职权，以段祺瑞为国务总理。祺瑞誓师马厂，十二日，克复京城。张勋所扶翼的清朝亡。流了无量数有名无名的先烈的血，然后造成的中华民国，因军人、政客私意的交争，而几至于倾覆，论理，同为中华民国的人民，应该可以悔过了，然而社会现象，哪有如此简单？北方的军人、政客，仍不能和南方合作。乃借口于复辟之时，中华民国业经中断，可仿民国元年之例，重行召集参议院，不知当复辟的十一天中，所谓溥仪者，号令只行于一城；我们即使退一百步，承认当时督军团中的督军，可以受令于溥仪，而西南诸省固自在，中华民国，何尝一日中断来？然而这句话何从向当时的政客说起？于是云南、两广，当国会解散时，宣布径行禀承元首，不受非法内阁干涉的，仍不能和北方合作。国会开非常会议于广州，议决《军政府组织大纲》，在《临时约法》未恢复前，以大元帅任行政权，对外代表中华民国，举孙中山为大元帅。后又改为总裁制，以政务总裁七人，组织政务会议，由各部长所组织之政务院赞襄之，以行使军政府之行政权。北方则召集参政院，修改选举法，另行召集新国会，举徐世昌为总统，于七年十月十日就职。中华民国遂成南北分裂之局。而南北的内部，尚不免于战争。九年七月，北方的吴佩孚，自衡阳撤防回直隶，和段祺瑞所统率的定国军作战。定国军败，段氏退职，是为皖、直之战。南方亦因心力不齐，总裁中如孙中山等均离粤。是年十月，以粤军而驻扎于福建漳州的陈炯明回粤，政务总裁岑春煊等宣布取消自主。徐世昌据之，下令接收，孙中山等通电否认，回粤再开政务会议。十年四月，国会再开非常会议，选举孙中山为大总统，于五月五日就职，陈炯明遂进兵平定广西。

上（从左至右）：孙中山、黄兴、陆皓东。

中（从左至右）：廖仲恺、章炳麟、蔡锷。

下（从左至右）：徐锡麟、宋教仁、秋瑾。

1912年2月16日剪掉辫子的袁世凯和部分政府官员和美国公使嘉乐恒等合影。

是时北方：曹锟为直、鲁、豫巡阅使，吴佩孚为副。王占元为两湖巡阅使。张作霖为东三省巡阅使，兼蒙疆经略使。湖南军队进攻湖北，王占元败走。旋为吴佩孚所败，进陷岳州，川军东下，亦为佩孚所败。十一年四五月间，奉军在近畿和直军冲突，奉军败退出关。孙中山本在广西筹备北伐。是年四月间，将大本营移至韶关。陈炯明走惠州。五月，北伐军入江西。六月，徐世昌辞职。曹锟等电黎元洪请复位。元洪复电，要求各巡阅使、督军先释兵柄，旋复许先行入都。撤消六年六月解散国会之令，国会再开。孙中山宣言：直系诸将，应将所部半数，先行改为工兵，余则留待与全国军队同时以次改编，

上（从左至右）：吴佩孚、冯国璋、曹锟。

中（从左至右）：段祺瑞、张作霖、阎锡山。

下（从左至右）：张勋、冯玉祥、黎元洪。

方能饬所部罢兵。未几，广西粤军回粤，围攻总统府。孙中山走上海。岁杪，滇、桂军在粤的及粤军的一部分讨陈，陈炯明再走惠州。十二年二月，孙中山乃再回广州，以大元帅的名义主持政务。然滇、桂军并不肯进取东江，在广东方面的军事，遂成相持之局。此时北方各督军中，惟浙江卢永祥通电说，冯国璋代理的期限既满，就是黎元洪法定的任期告终，不肯承认黎元洪之复职为合法。东三省则自奉、直战后，即由三省省议会公举张作霖为联省自治保安总司令，而以吉、黑两省督军为之副，不奉北京的命令。其余则悉集于直系旗帜之下。南方如陈炯明及四川省内的军人，亦多与之相结的。直系的势力，可谓如日中天，而祸患即起于其本身。十二年六月间，北京军、警围总统府索饷，黎元洪走天津，旋走南方。至十月，曹锟遂以贿选为大总统，于十月就职，同时公布宪法。浙江宣布与北京断绝关系，云南及东三省皆通电讨曹，然亦未能出兵。十三年九月，江、浙战起，奉、直之战继之，直系孙传芳自福建入浙，卢永祥败走。北方则冯玉祥自古北口回军，自称国民第一军。胡景翼、孙岳应之，称国民第二、第三军。吴佩孚方与张作霖相持于山海关，因后路被截，浮海溯江，南走湖北。奉军入关，张作霖与冯玉祥相会，共推段祺瑞为临时执政，段祺瑞邀孙中山入京，共商国是。孙中山主开国民会议，解决国是。段祺瑞不能用。段祺瑞亦主开善后会议，先解决时局纠纷，再开国民代表会议，解决根本问题。孙中山以其所谓会议者，人民团体无一得与，诫国民党员勿得加入。于是会商仍无结果。是年三月十二日，孙中山先生卒于北京。

是时北方：张作霖为东北边防督办，冯玉祥为西北边防督办。胡景翼督办河南军务善后事宜，孙岳为省长。后胡景翼卒，孙岳改为督办陕西军务事宜。卢永祥为苏、皖、赣宣抚使，以奉军南下，齐燮元走海外。直隶李景林、山东张宗昌、江苏杨宇霆、安徽姜登选，均属奉系人物。直系残余势力，惟

南京下关水陆大战革命军图。

南京下關大
金陵塔
南京城

孙中山和黄兴等祭拜明陵。

萧耀南仍踞湖北，孙传芳仍据浙江，吴佩孚亦仍居鸡公山。十四年十月，孙传芳入江苏。杨宇霆、姜登选皆退走。孙军北上至徐州。十一月，吴佩孚亦起于汉口。奉军驻扎关内的郭松龄出关攻张作霖，以为日本人所阻，败死。冯玉祥攻李景林，李景林走济南，与张宗昌合。吴佩孚初称讨奉，后又与张作霖合攻冯玉祥，冯军撤退西北。段祺瑞出走。北方遂无复首领。大局的奠定，不得不有望于南方的北伐。

先是孙中山以八年十月，改中华革命党为中国国民党。十二年十一月，又加改组。十三年一月十二日，始开全国代表大会于广州，将大元帅府改组为国民政府。十四年四月，国民政府平东江。还军平定滇、桂军之叛。广西亦来附。改组政府为委员制。十五年一月，开全国代表第二次大会。六月，中央执行委员会召集临时会，通过迅速北伐案。七月，克长沙。九月，下汉阳、汉口，围武昌，至十月而下。十一月，平江西。冯玉祥之国民军，亦以是月入陕，十二月，达潼关。东江之国民军，先以十月入福建。明年，国民军之在湖南者北入河南，与冯玉祥之军合。在福建者入浙江。在江西者分江左、江右两军，沿江而下，合浙江之兵克南京。旋因清党事起，宁、汉分裂，至七月间乃复合作。明年，一月，再北伐。至五月入济南，而五三惨案作。国民军绕道德州北伐。张作霖于六月三日出关，四日，至皇姑屯，遇炸死。其子张学良继任。至十二月九日，通电服从国民政府，而统一之业告成。

中国革命前途重要的问题，毕竟不在对内而在对外。军人的跋扈，看似扰乱了中国好几十年，然这一班并无大略，至少是思想落伍，不识现代潮流的人，在今日的情势之下，复何能为？他们的难于措置，至少是有些外交上的因素牵涉在内的。而在今日，国内既无问题之后，对外的难关，仍成为我们生死存亡的大问题。所以中国既处于今日之世界，非努力打退侵略的恶势力，决无可以自存之理。外交上最大的压力，来自东北方。当前清末年，曾向英、美、德、法四国借款，以改革币制及振兴东三省的实业，以新课盐税和东三省的烟酒、生产、消费税为抵。因革命军起，事未有成。至民国时代，四国银行团加入日、俄，变为六国，旋美国又退出，变为五国，所借的款项，则变为善后大借款，这是最可痛心的事。至欧战起，乃有日本和英国合兵攻下胶州湾之举。日本因此而提出五号二十一条的要求。其后复因胶济沿路的撤兵，和青岛及潍县、济南日人所施民政的撤废，而有《济顺高徐借款预备契约》及胶济铁路日方归中、日合办的照会，由于复文有“欣然同意”字样，致伏巴黎和会失败之根。其后虽有华盛顿会议的《九国公约》，列举四原则，

上（从左至右）：蔡元培、梁启超、王国维。

中（从左至右）：杨度、陈独秀、李大钊。

下（从左至右）：章士钊、鲁迅、胡适。

其第一条，即为尊重中国的主权独立和领土及行政的完整，然迄今未获实现。自欧战以后，与德、奥、俄所订的条约，均为平等。国民政府成立以来，努力于外交的改进。废除不平等条约，已定有办法。关税业已自主。取消领事裁判权，亦已有实行之期，租借地威海卫已交还。租界亦有交还的。然在今日情势之下，此等又都成为微末的问题。我们当前的大问题，若能得到解决，则这些都不成问题；在大问题还没解决之前，这些又都无从说起了。在经济上，我们非解除外力的压迫，更无生息的余地，资源虽富，怕我们更无余沥可沾。在文化上，我们非解除外力的压迫，亦断无自由发展的余地，甚至当前的意见，亦非此无以调和。总之：我们今日一切问题，都在于对外而不在于对内。

我们现在，所处的境界，诚极沉闷，却不可无一百二十分的自信心。岂有数万万人的大族，数千年的大国、古国，而没有前途之理？悲观主义者流："君歌且休听我歌，我歌今与君殊科。"我请诵近代大史学家梁任公先生所译英国大文豪拜伦的诗，以结吾书。

希腊啊！你本是平和时代的爱娇，你本是战争时代的天骄。撒芷波，歌声高，女诗人，热情好。更有那德罗士、菲波士荣光常照。此地是艺文旧垒，技术中潮。祗今在否？算除却太阳光线，万般没了。

马拉顿前啊！山容缥缈。马拉顿后啊！海门环绕。如此好河山，也应有自由回照。我向那波斯军墓门凭眺。难道我为奴为隶，今生便了？不信我为奴为隶，今生便了。

卅・九・一八于孤岛

附录

回忆我的老师吕诚之先生

黄永年

我听史学大师吕诚之（思勉）先生的课，做他的学生，已是四十年前的事情了。当时正是太平洋战争爆发的第二年，日军进驻上海租界后光华大学停办，吕先生回常州，应聘到离城不远湖塘桥镇上的私立青云中学教书。这是一所刚开办的“地下”学校，表面上向日伪登记，骨子里是原苏州中学的几个常州籍教员弄起来的苏州中学常州分校。办学人以请到原光华大学历史系主任吕思勉教授任教为号召。我也闻风而动，转学到这所中学做了吕先生的学生。所以严格地讲，吕先生只是我的中学老师，不是大学老师。但确是我生平第一次遇到的好老师，是把我真正引进学问之门的导师。

我之所以闻风而动，倒也不是徒慕大学教授系主任之虚名，而是确确实实对吕先生的学问钦佩。原来在我十四岁的时候，在已沦陷的常州的书摊上买到一本吕先生的商务印书馆版《经子解题》，引起了我研读古书的极大兴趣。先母对我说：“这本书的作者吕先生和我们还沾点亲戚呢！（先母姓程，是吕先生的母亲程老太太同族的内侄孙女）”因此当青云中学开办时，我虽只是个十六岁的小青年，而且先父早去世，多年来一直和教小学为生的先母相依为命，很少离开家，这时也下定决心，离家去做心仪已久的吕先生的学生，对此先母也给我很大的支持。

我到青云中学是上高中二年级，而当时青云中学最高的年级也就是高二。办学的人因为请到吕先生，就把高二文理分科，由吕先生给我们文科班学生开设“国学概论”“中国文化史”两门专门课程，另外班上的“国文”“本国史”也理所当然地请吕先生担任。四门课合起来每周有十二小时，吕先生给我们整整讲了一学年。后来才知道在大学里也很难有机会听名教授讲那么多钟点。

因为是高二，“本国史”从元代讲起，基本上是像他所著商务一九二四年版《本国史》(新学制高中教科书)那样的讲法。这本书现在已经很少有人知道了，前些日子看到汤志钧同志所写的《现代中国史学家——吕思勉》，附有“吕思勉先生主要著作”，其中就没有提到这本《本国史》，也许认为这只是教材而非著作吧。其实此书从远古讲到民国，只用了十二万字左右篇幅，而政治、经济、文化以及典章制度各个方面无不顾及，在取舍详略之中，体现出吕先生的史学史识，实是吕先生早期精心之作。有些青年人对我讲，现在流行的通史议论太多，史实太少，而且头绪不清，实在难读难记。我想吕先生这本要言不烦的《本国史》是否可给现在编写通史、讲义的同志们一点启发。

在讲授上，吕先生也有其独特的风格。他当时已是五十八岁的老先生，但课堂里从不设座椅，老是站着先在黑板上写一段，然后从容不迫地边踱方步边讲说。他没有叫我们买教科书，也没有专门印发讲义，但把吕先生每次写在黑板上的抄下来就是一部好讲义。而且文字不长，要言不烦，抄起来也不吃力。他讲说也同样言词清晰，语气和平，而内容处处引人入胜，笔记起来也很省力。所以我感到听吕先生的课简直是一种学问上的享受。附带说一下，吕先生在黑板上写的是文言文，这种文言文既不像章太炎那么古奥艰深，又不像梁任公那么多水分，而是简雅洁净，这对有志文史之学的青年人学习文言文也是一个很好的典范。

“国学概论”“中国文化史”这两门课程，今天不仅中学生，恐怕大学历史系的学生也不很清楚是怎么一回事了。其实，“国学概论”者，即“中国学术思想史”之谓，这比现时的“中国哲学史”的范围似乎还要宽广一些。“中国文化史”则包括社会等级、经济情况、生活习惯、政治制度，以至学术宗教等各个方面，而作综合的历史的讲述。在此以前，吕先生写过一部《中国通史》，1940年开明书店出版，其上册就是文化史，这次给我们讲的“中国文化史”“国学概论”的基本内容都已见于这本上册里。这本上册是第一部真正的“中国文化史”，前此日本人高桑驹吉也写过一本《中国文化史》，但实际上和《中国通史》差不了好多。最近胡乔木同志谈到要编写“中国文化史”，我建议编写者把吕先生这册旧著找出来读一读，将会得到好处。

在这里我想着重讲一些吕先生教我们“国文”课的情况。因为一般人只知道吕先生是史学家，不知道吕先生还是一位对中国古典文学以及文学史深有研究的学者。可惜吕先生在这方面的见解除在《宋代文学》这本小册子(1931年商务版)里披露过一些外，从未写成专书，不为人所知，因此作为当年的老学生有义务在这里向大家介绍。

我记得上第一堂“国文”课，吕先生就宣布用《古文观止》作教本。我当时听了大吃一惊。《古文观止》我在十三四岁时就选读过，不久买到姚鼐的《古文辞类纂》，又有了点文学史的知识，早薄《古文观止》为村塾陋籍。何以吕先生这位大学者忽然要用这种陋籍作教本呢？可是接着吕先生就作解释了，吕先生说：所以用这部书，正是因为它选得坏。坏在哪里呢？吕先生从“古文”这个名词来申说，吕先生说：所谓“古文”是和骈体文相对而言的，可是这部《古文观止》里却选了六朝隋唐的若干骈体文，如《北山移文》《为徐敬业讨武檄》《滕王阁序》之类，说明编选者根本不知“古文”为何物！既然选得如此乱七八糟，为什么还要用作教本呢？吕先生说：正因为它选得杂乱，各种文章都好坏有一点，作为教本让大家多了解些东西还是有好处。当然，通行易得也是用它的一个理由。

《古文观止》虽是陋籍，其中所选的文章还应该是好的，这是我过去的认识。但吕先生不这么看，他指出：《古文观止》这部书是为科举时代学做八股文的人诵读的，做八股文要从没有话可说处硬找话说，因此《古文观止》所选的有相当一部分是说空话、发空论的文章。吕先生在选讲唐宋八家的文章时还不止一次地说：八家是能写好文章的，但选在这里的往往不是好文章，主要原因就是此书专要选空议论文章。再有一个原因，就是此书要选短文章，有些好文章篇幅长，就不予入选。吕先生还举《史记》为例，说司马迁的《史记》是有许多好文章的，但因为长，所以此书不予入选，尽选些短而空的文章。

吕先生所讲授的文章不一定是他认为好的，不好的也讲，讲它不好在哪里。我记得最清楚的，一篇是王禹偁的《黄冈竹楼记》，吕先生说它不好。不好在哪里？在不纯，开头写古文，中间来几段骈文，最后又是古文，不纯就不美。再一篇是苏轼的《潮州韩文公庙碑》。这更是一篇万口传诵的大文章，可是吕先生认为也写得很不好，一上来说的“申吕自岳降，傅说为列星”和下面所讲的孟子“浩然之气”根本是两回事，不应硬扯到一起，最后的七言歌辞又不古，古文中不宜有此。

吕先生当时所讲的四门课我都作了详细的笔记，写在黑板上的当然一字不漏地抄下来，口述的也尽量记下来，外加〔〕号以与板书区别。其中尤以“国文”课的笔记更详细。吕先生逝世后，在1961年我曾把它整理写成清本，可惜被友人借阅，不在手边，所以上面所述多凭记忆，不尽原话。但意思是不会有出入的，因为吕先生当年讲课的精彩之处实在给我印象太深，虽事过四十年犹有历历如昨之感。不仅“国文”课，其他几门课也无不如此，譬如“国学概论”的佛学部分，本来是最难讲、最不好懂的，何况听课者还是毫无哲学常识的高中生，可是他不慌不忙，只用三小时左右就把佛教大小乘的基本教义、中国佛教主要派别法相宗、天台宗、华严宗、净土宗、禅宗等在理论上的异同得失讲得清清楚楚，使人听起来很有味，一点不难懂。这不是凭口才，而是真正有批判地研读各宗重要经、论后才能做得到。我很惭愧，《大藏经》虽摸过，经、论可迄未从头到尾读过一种，现在有时能对付着讲几句，还是靠当年吕先生讲授之赐。

同时开讲四门功课应说是很繁重的，可吕先生从未因此停止撰写“断代的中国通史”的工作。吕先生在早年撰写过一部在当时影响极大的通史——《白话本国史》(1922年商务版，四册)，但他后来认为只是“粗浅的东西”，计划撰写一部详尽的断代的中国通史，分成《先秦史》《秦汉史》《两晋南北朝史》《隋唐五代史》《宋辽金元史》《明清史》六部，全部完成至少有四五百万字。《先秦史》已在一九四一年由开明出版。《秦汉史》《两晋南北朝史》后来在一九四七、四八年由开明出版，承吕先生各送我一部。《隋唐五代史》在解放后一九五九年由中华书局上海编辑所出版，已是吕先生身后的事，可惜出版者出于今天看来不必要的顾虑，把前言删去不印，全赖吕先生的女儿翼仁同志把被删的这部分打印出来，分赠知好，才不致失传。我现在手头还保存一份，将来如重印，建议能补进去。而且希望《先秦史》等三部也赶快重印，台湾省的开明书店早已重印了，我们实在没有理由不印。至于宋以后的两部，吕先生晚年身体不好，没有精力完成，改用札记的方式把研究成果写出来。吕先生是一向重视写札记的，抗战前吕先生的部分札记就曾以《燕石札记》的名称在1937年由商务出版，晚年大量的札记除1957年由上海人民出版社印了一册《燕石续札》外，决大部分还未问世，听说现在已有出版的希望，这是大好事。

我当吕先生的学生时，吕先生正在写《两晋南北朝史》，住在离中学不远的一家居民楼上，单身一间房，很清静。我课余去看他，看到他写作的实况：桌上是几堆线装《二十四史》中的《宋书》《南齐书》《南史》之类，吕先生一边逐卷看，一边摘抄用得着的史料。吕先生是书法家，写字的结构有点像颜书《多宝塔碑》，但比《多宝塔》更刚劲挺拔。摘抄的史料一笔不苟地写在自印方格稿纸上，既清晰又好看，体现出前辈学者谨严的治学风度。摘抄的史料分好类，加以排比，连贯成文。这正式的文稿我也看到，字的清晰不必再说，连文句都极少改动，最后就付印出书。以《两晋南北朝史》而言，全文一百多万字，连抄史料恐怕至少手写了二百万字以上，还不算过去读书和行文思考的功夫。我想，一个人能以毕生之力写出百万字的巨著，也就不容易了，而吕先生除《两晋南北朝史》外还前有《先秦》《秦汉》，后有《隋唐五代》，还有其他十多种著作。古人说“著作等身”，如果把吕先生的全部著作像古人那样统统刻成木板书，堆起来恐怕几个“等身”还不止吧！

这几部“史”现在大图书馆里总还有，我常劝有志研究我国历史的青年认真读一读。以我的浅学，当然很难对这几部巨著做出全面的确如其分的评价，我只想谈两点。一点，这几部巨著都分上下册（只有《先秦》合一厚册），上册政治史我认为是一部新的《通鉴纪事本末》，下册文化部分我认为是一部新的《文献通考》。新于《文献通考》者，《通考》只引用纪传体史的志和《通典》等现成的典章制度史料，而吕先生的书则除这些史料外，更多地引用了散见于列传中的大量有关史料。这个工作前人也做，如宋人的《两汉会要》、清人的《三国会要》《明会要》，近人杨树达先生也曾沿此方法撰写过一册《汉代婚丧礼俗考》，但都比较片段，远不如吕先生这几部巨著之规模大而探索深。

新于《通鉴纪事本末》者，《纪事本末》只本《通鉴》剪裁，这几部巨著则以纪传体史为主，兼取《通鉴》，考核异同，寻求真相，对许多重大历史事件提出精辟的看法，决不囿于陈说，这非司马光等旧史家之所能及（我现在研究唐代政治史，在方法上很大成分还是受吕先生这几部书以及陈寅恪先生《唐代政治史述论稿》的启发）。再有一点，对史学稍有修养的人都知道，写单篇论文容易见精彩，写通史、断代史则很难写好。这是因为论文总挑自己有研究的东西来写，没研究过的可以回避不写，而通史、断代史必须面面俱到，不管有没有研究都得写，遇到没研究过的就只好敷衍剿袭，自然精彩不起来。吕先生这几部书则不然，几乎每个问题、每一小点都下过功夫钻研，所以写出来的可说有百分之九十五以上是自己的东西。如果把这几部书拆散改写成单篇论文，恐怕要数以千计。谁能一生写出这么多的论文呢？单就这点就足见吕先生之不易企及了。

吕先生所用的《二十四史》也值得谈几句。倒不是版本好，版本实在太普通，是当时比较价廉易得的图书集成局扁铅字有光纸印线装小本。但打开来一看，实在使我吃了一惊，原来全部从头到尾都动过笔。过去学者动笔点校书虽是常事，能点校整部《二十四史》的便不多，即使有，也无非是用朱笔断句，或对好的文句加圈点。可吕先生这部《二十四史》不一样，是用红笔加了各种符号，人名加［］，有用的重要史料圈句，名物制度在词旁加△，不仅纪、传如此加，志也加，很少人读的《天文志》《律历志》也加，连卷后所附殿本考证也加。后来我读《二十四史》里的《三国志》，借了吕先生的校本想过录一部，可是由于怕下苦功，过了两个月还是一笔未下，把原书还给了吕先生。吕先生的断代式中国通史所以写得如此快，几年就是一大部，其主要原因之一应该是他对《二十四史》下了如此扎实的基本功。吕先生究竟对《二十四史》通读过几遍，有人说三遍，我又听人说是七遍，当年不便当面问吕先生，不知翼仁同志是否清楚。但我曾试算过一笔账：写断代史时看一遍，之前朱笔校读算一遍，而能如此作校读，事先只看一遍恐怕还不可能，则至少应有四遍或四遍以上。这种硬功夫即使在毕生致力读古籍的乾嘉学者中恐怕也是少见的。

说到这里，可以顺便讲讲吕先生的藏书。书都藏在常州十子街吕先生的私宅里，是祖上留下的几进老式平房，书放满一两间，满满几十只书箱。这种书箱是吕先生请木工定做的，不太大，木门不镶玻璃，可上可卸，可随房屋高底宽窄堆叠成各种不同的形式，万一搬动也不用把书倒出来，比现在通行的书橱、书架似乎还合用些。箱里的书不仅有线装书，还有大量的平装新书，是商务、中华等的出版物，除历史外，政治、经济、哲学各个领域的新书无不应有尽有。我曾问吕先生借过几本冯承钧所译的史地考证小册子，发现每一本吕先生都看过，而且对他认为有用的史料或好的见解像《二十四史》一样用红笔圈句。线装书，没有什么旧刻旧抄、善本秘笈，而只是通行常用的刻本或石印、排印本，但都认真看过，不像有许多人的藏书只是随便翻翻，甚至买回来往书架上一放永远不翻看。至于善本书，吕先生也有他的看法。我当时曾问过他商务的百衲本《二十四史》好不好（都是影印宋，元、明旧本善本）？吕先生说：有的也不见得好，有个朋友曾用宋本《晋书》和殿本对过，发现宋本反而比殿本错得厉害。但吕先生又说：张菊生（元济）先生把百衲本中长于殿本的重要异文写成一部《校史随笔》，很可以看。可见吕先生并没有否认旧本的长处，只是不以为“凡宋刻必好”，没有某些藏书家“佞宋”之癖。

吕先生记闻之博还可举个例子。有一天，翼仁同志问他：爸爸，元代的“知院”是什么？这是个不常用专门名词。吕先生可不慌不忙地马上回答：“知院”就是知枢密院（枢密院是主管军事的机构）。我当时在旁边听到，后来翻过《元史·职官志》，果然如此。可是差不多同时，就有一位颇为知名的史学家在所写的作品里把“知院”臆解成和尚，又不肯去查《元史》。我认为人之高下正可从这种看似细微的地方分辨出来。吕先生尽管博学，但从不想当然，不知道就是不知道。我当时读黄仲则的《两当轩诗》，有一首咏归燕的七古，典故很多，有几处不知道出处本事，问吕先生，吕先生解释了几处，但对“神女钗归锦盒空”一句也不清楚，就很和平地对我说：这是什么典故我也想不起了。这种平易朴实的态度使我很感动。我以后也当了老师，当学生问起我不懂的问题时，我就学吕先生，老老实实对学生说：我也不懂；或者说：我记不得了，可以查查什么书。学问如大海，而人的生命精力有局限，即使自己专攻的学问里也必然有许多自己解决不了的问题，要留待下一代来继续解决。硬把自己假装成无所不知，适说明其浅薄无知。

吕先生对不同学派的人是很尊重的，只要人家确有真才实学。如顾颉刚先生编著的《古史辨》，很明显和吕先生是不同的学派，但顾先生的高足童丕绳（书业）先生抗战初到上海，认识了吕先生，马上被吕先生请到光华大学历史系任教。童先生当时继续顾先生的工作，编辑《古史辨》第七册，又得到吕先生很大帮助，不仅帮童先生看文章、看校样，还允童先生之请把自己的古史论文编进去，答应和童先生共同署名作为第七册的编著者。我过去也久知《古史辨》之名，但总认为是史学的旁门左道，从不一看其书。这时问起吕先生，才知道吕先生和童先生合编第七册之事，从而对《古史辨》重视起来，托友人从上海买了寄来细读。这年冬天听说童先生有事路过常州，就请人介绍引见，以后成为童先生的学生、女婿。又因童先生的介绍成为顾先生的学生。使我由此在先秦古史上打了点基础，并且懂得如何用《古史辨》的考订方法去研究后代的历史。这些事溯其源，还应该归功于吕先生的不党同伐异啊！

听童先生说顾先生写信给吕先生都自称后学，但他们和吕先生毕竟只是朋友，没有师生关系，而吕先生即使对自己真正的学生也是虚怀若谷。现在魏晋南北朝隋唐史的权威唐长孺先生当年曾听过吕先生的课，是吕先生的学生，一九四八年在《武汉大学社会科学季刊》上发表了一篇题为《唐代军事制度之演变》的论文，寄给吕先生。吕先生认为讲得好，在撰写《隋唐五代史》的兵制部分时就把这篇论文的要点全部引用进去，并且说明是“近人唐君长孺”的看法，说“府兵之废……近人唐君长孺言之最审”。老师对学生的学术成就如此推崇，真值得我们今天身为老师者学习。

多年来在极左思潮的影响下老是批知识分子的名利思想，其实有些知识分子专心致志于学问，名利思想实在不多。我在吕先生身上就从未发现过有什么求名逐利的东西。在抗战前，吕先生早已是一位在史学界负有盛名的学者了，胡适想请他到北京大学去。论理当时北大文科是全国头块牌子，而吕先生所在的光华大学则是排不上号的私立学校。但吕先生拒决了，理由是：光华的文学院长钱子泉（基博）先生是我多年的老朋友，我离开光华，等于拆他的台，我不能这么做；为了帮助老朋友办好学校，甘愿放弃北大的优厚条件，这不能不说是一种高尚的品德。

吕先生的修养也真好，从未见他有过疾言厉色的时候。有一次我到十子街老宅去看他，他留我便饭，他家的黄猫爬上桌子，把他筷头上的菜打下来就吃，他也不生气，更未叱责，笑笑就算了。对猫如此，对人可知。学问如此大了，当年的老朋友（学问成就远不如吕先生甚至并无学问的）还是老朋友，那天一起吃饭就有他的几位同乡老友，大家谈笑风生，在他身上丝毫看不到有所谓教授学者的气派。当然，吕先生待人也不是无原则的，他也讲到坏人，但只是心平气和地说某人如何不成话，说过就算，从不骂。

我正式听吕先生的课只有这1942年下半年到1943年上半年一年功夫。1942年暑假后吕先生没有再来青云中学，在十子街老宅埋头撰作，由开明书店支送稿费以维持生活。这时期我还常去看他，向他借书。《太平广记》这一大部集自古至唐五代小说大成的古籍我久知其名，多年无法看到，就是这时候向吕先生借来看了几遍。我后来撰写明器论文所用的史料就大部分从这部书上看来的，以后把兴趣转到研究唐史，这部书也起了一定的诱导作用（这部书里唐人小说居多）。抗战胜利，光华大学在上海复校，吕先生回校主持历史系。我本想跟着进光华，只因光华私立学费太贵，考进了不要学费的国立复旦大学。复旦在江湾，离在虹口的光华不算太远，还有校车可坐，所以每学期总去光华几次看看吕先生。当时我已开始写学术性文章，最早一篇是《春秋末吴都江北越都江南考补》，补童丕绳先生原考之不足，写成后请吕先生审阅，吕先生还很诚恳地给原稿亲手加上一段“吴城邗”即为迁都江北的论证：“汉初以前，长江下流之都会，实惟吴与广陵（即今之扬州）。秦会稽郡治吴，而汉初吴王濞还都广陵，盖王负刍既虏之后，楚尚据江南以拒秦者一年，故秦为深入其阻起见，置郡于江南吴之故都，汉初江南业已宴然，取与北方声势相接，故王濞又却居江北吴之新都耶？此虽推测之辞，然王濞之建都，必不能于荒凉偏僻之地，广陵若前无所因，必不能于汉初救死扶伤不给之际，建成都邑，则理无可疑。以此推之，亦足见城邗之即为建立新邑耳。”这篇文章先后发表在当时的《益世报》“史学”副刊和《文史杂志》六卷三期上，明眼人一看就会知道这般老练的文字和精卓的见解不可能出于大学一年级生的手笔。

解放后，我将毕业前还经吕先生介绍到光华附中代过几个月历史课，以解决点经济上的困难。以后，组织分配我做政治工作，工作忙，和吕先生就更少见面的机会。1956年我到西安工作，第二年吕先生就以老病逝世，享年七十三岁。千里迢迢，我也无从到他灵前去哭别。

现在，我也是五十好几的人，已接近当年吕先生给我们讲课时的年龄了，也勉强在大学里带着几位唐史专业研究生。可是抚心自问，在学问上固不当吕先生的万一，在为人处世上也深感吕先生之不易企及。吕先生当年曾为我写过一副对联："夙夜强学以待问，疏通知远而不诬。"因为联上写明是"录梁任公语"，多年来慑于极左的压力，一直深藏箱箧。现在想应该张之于壁，以促使我时常考虑怎样真正做到这两句话，真正不负吕先生当初对我的勖勉。

黄永年(1925年10月—2007年1月16日)，江苏江阴人，著名文史学家、教育家、篆刻家。1950年毕业于复旦大学历史系，后为陕西师范大学教授、古籍整理研究所所长。黄永年是吕思勉的学生、童书业的女婿。

吕思勉，“新史学”旨趣实践会通第一人

——王家范教授在华东师范大学“思勉人文讲座”开讲仪式上的演讲稿

吕思勉先生自述8岁起即和史学发生关系，13岁起读梁启超的文章，治学的道路实受康、梁的影响，虽父师不逮。先生在世时，不喜张扬，淡泊自定，远离名利之场，但其孜孜以求的业绩早为学界通人看重。1945年，顾颉刚盘点已编著出版的新式通史不下四五十部，看得上眼的有七部，吕先生一人独占两席。推至四年前，吕先生已经完成了两部大学和四部中学通史教材的编著。吕氏教本不断被再版重印，在国内教育界拥有广泛的影响。此时58岁，自述把全部《二十四史》从头至尾至少阅读过两遍以上，系统读完正续《通鉴》、“三通”的时间要更早些，由此被前辈誉为史界传奇。

吕先生离世50年后，1000万字的遗著、遗文大部分都获得了重印出版，另有一些未刊的文字亦在整理之中。历史待我们总究还是宽厚的。先生的学术成就终于得到了如实的肯定，值得欣慰。如何准确估计和透彻认识“思勉人文学术”的独特价值，真正把先生毕生凝聚的学术精神和治学路径学到手，正是作为学术后辈的我们需要做的事情。不揣浅陋，兹就吕先生的学术创造与“新史学”的关系，以及“思勉人文学术”的特点，略抒己见，以纪念先生逝世50周年。

梁启超构建新式中国通史理想的实现

我最初读的是吕先生的四部断代史，作为教学依托，觉得资料非常丰富，省了许多检阅古书之劳。上世纪90年代后，终于能读到《吕著中国通史》和《吕思勉遗文集》。读得多了，有点觉悟，才进而想到我们应如何定位吕先生的学术成就比较准确？现在我试作这样的定位：吕先生既是梁启超“新史学”旨趣的实践会通第一人，又是把“新史学”向社会史方向开拓的先驱者。是否准确妥帖，不敢自信，期待学界批评指教。

梁启超的大志在政治上，奔走呼号，日不暖席。尽管后期多次动摇，屡屡反悔，直至临终之前，外界环境和他本人的心志，仍不容许他专心史学。那他为什么还要选择史学变革展开大动作呢？在以前的中国，什么学问最发达？是为帝王“资治通鉴”的历史学。与世界其他国家相比，最丰富的学问是什么？还是“资治通鉴”的历史学。再进一步说，中国历史学的核心内容是什么？政治。从上古三代起，历代当政者无不推崇史学。几千年来，一般人受的教育，环境里受熏染的，也都是这些东西。所以说，中国人的政治意识特强，运用政治斗争的手段和经验往往也滚瓜烂熟，人人有一手。这里头祸福相倚，但从长时段的社会变迁来看，梁启超认为，史学专注于王朝政治、专注于少数帝王将相的较多，“群体”的历史、“普通人”的历史被冷落掩盖，旧法子、陈药方不断被沿用而乏自省，民主意识不容易成立，毕竟祸大于福。“今史家多于鲫鱼，而未闻有一人之眼光有见及此者。此我国民之群力群智群德所以永不发生，而群体终不成立也”，梁先生说这话时是痛心疾首的。

梁启超提出“史界革命”的同时，就立志要编写一部全新的《中国史》，把“新史学”的主张转化为可以广泛传播的通史教材。可梁先生又实在是太忙了，心志虽高，终无真正静心下来做学问的充裕时间。从现在掌握的材料来看，直至临终前，除了两份草拟目录外，只有《战国载记》《社会组织篇》是计划之内的，其余学术史、思想史的一些论著是为之作准备的。最后一次与清华同学聚会在 1927 年夏，先生已经转为寄希望于同志和清华同学用二三十年工夫集体编著《中国通史》，力不从心的怅惘，溢于言表。梁氏“新史学”后继有人是不成问题的。因为这不纯是个人的意向，而是时代潮流使然，是社会变革在召唤。从成果方面评估梁启超“新史学”的传播及其影响，可以从两方面来展开：一是“专门史”的成绩最多，不在本文论列范围。二是“普通史”（通史）的成绩，这方面从事的人相对前者要少得多。其中梁氏及门弟子张荫麟、萧一山均得“新史学”通史旨趣之真传，成绩卓然，但都没有能够一通到底。一个开头至东汉，不幸英年早逝，戛然而止；一个以清代收尾，未能如老师所许，回头收拾，中间空缺大半截，梁氏通史的壮志终未能在自己的弟子手里实现，殊为遗憾。可梁先生怎么也没有想到，真正实践其旨趣，并完成他构建中的新通史理想的，竟是一位从未谋面、从旧学走来的东南“私淑弟子”吕思勉。凭两部出色的中国通史、四部中学教材（至今仍被忽略，实则决不输于大学教材），以及四部功力非凡的断代史（实际是先生精心设计的“史钞”样式“大通史”，惜未及完璧），说吕先生是梁启超“新史学”旨趣实践会通第一人，我想梁先生在泉下也会首肯的。需要特别补充说一句的，吕先生的六部大、中学通史教材不仅学术含金量高，而且都是从远古一直写到编著时的当下，个人独著，一通到底，往时罕见，今也无有。

这种因缘首先来自于学术的内在理路。最基本的一条，或者是先决条件，要编写“中国全部通史”，必先通读完中国历史最基本的史料，对史料搜辑、考据、述论、编纂诸事项，均要有相当的阅历和较深的造诣。吕先生在立志治史之前，就已经读了那么多的经史古籍，当时称奇。这是因为吕先生是在数百年读书仕宦世家长大的，父母两人合力悉心培养，完全按照严格的经史子集四部之学来训练；常州又为“今文经学”学派的文渊之乡，硕儒众多，习经成风。先生从幼童起就熟读古代经书、史书，浸染于“经世济民”的精神领域里，又受到父亲“隐而不仕”人生观的影响。他的读书没有个人功利的目的追求，崇尚的是知性和德性的奠基。但必须看到，如果不是遭遇“数千年未有之大变局”，不是内乱外患的激烈震荡，连想当先生心目中所崇拜的顾炎武恐怕也难。没有切肤的亡国之忧，哪来深入骨髓的历史反思？最多就是赵翼、王鸣盛、钱大昕，常州学派中多了一位更以史学见长的传统学者。受康梁问道之学的启发，在“新史学”的召唤之下，方有先生一生通史事业的创造。现在已经有学者研究指出，由“今文经学”的经世导致“新史学”的开创，是一种学理内在的自然脉络，而吕先生恰恰正是连接两者“转轨”成功的典范。在梁先生是平生不识吕常州，可算是意外的收获；而在吕先生则是读书无意于“急用”，乃最后显为大用。

梁启超壮志未酬，留下两份草拟的通史目录，我发现《吕著中国通史》的构架非常符合梁先生殚心积虑设想的原旨；不同处，吕先生的通史目录较为简练合理，更切大学通史教材的实际。从目录对照（略）可以看出，梁启超“新史学”的通史计划，由吕先生实践而落到实处，不仅符合梁先生理想中的知识储备要求，而且目标和构想也灵犀相通。由“坐而言”的倡导，至“起而行”的实现，这是一个需要极大毅力和久长耐性的艰难创作过程。吕先生积极地担当起了这个责任，也成就了自己在“新史学”中的地位。

“新史学”通史旨趣的丰富和完善

综合梁启超当年批判旧史学“四弊二病三恶果”的内容，他理想中的“新通史”实际包含有两大改革目标：一是通史内容的改革，二是通史体例的改革，两者必须相得益彰。相比较提出高远的目标，既能传达新的意义，又能在学术上充分站住脚跟，编写出为世人钦服的“新通史”，就不是那么容易。在变革的过程中，有太多的荆棘，太多的险关，需要许多人切切实实地开拓耕耘、攻关拔寨。这里，不仅不会有凭“精神胜利法”美梦成真的神话出现，也不可能提起头发完全离开原土壤。它必将是一次学术上具有“推陈出新”意义的创造。

吕先生与梁启超不同，一直生活在社会的基层，对国事和民生都非常关心，但从不愿涉入政界，故旁观者清，有浓厚的平民意识。他的看法较少掺杂近视的政治功利考虑，心中有大理想，但平实而沉稳，有一种超乎常情的韧劲。

旧史学专注在人物和事件上做文章。先生则认为，古今中外，国家政权多变，各类人物如走马灯，其底下都是社会的变化在使然，决非像过去人误解的那样，以为舞台不变，演员在屡变而已。舞台变了，人也会变。这样才可能知道何以一治一乱，明了所以然之故。

在吕著的论述里，频率出现最多的用语，就是：“观其会通”“摄其全体”和“深求其故”，而这一切又最后归之于史学的根本在“认识社会整体及其变迁”。这些道理在梁氏《中国历史研究法》里，前两者未得到充分的强调，第三条似与梁氏反复申述的“因果律”说相通，然意境亦很不一样。用“社会”取代“国家”或“群体”作为主题词，则是通史主旨的一大深化，说吕先生丰富甚至修正完善了“新史学”的旨趣，在这一方面体现得最为鲜明。

查阅先生各时期的论著，正面的回答应是连贯的，即向社会史方向开拓。新通史必要以研究社会为枢纽，以考察社会变迁为主线，方能转动全局，开出新境界。据现在查考得到的资料，吕先生这一史学新主旨的表述最早见之于《白话本国史》，写作始于1920年，1923年出版，时间相当早。吕先生在“绪论”第一章开宗明义即说：“历史究竟是怎样一种学问？我可以简单回答说：历史者，研究人类社会之沿革，而认识其变迁进化之因果关系者也。”在全书的纲目中，我们看到按历史顺序穿插了不少面目全新的社会状况和社会变迁的章节，在当时是非常新鲜的事。这全仗先生对史料的通贯圆熟，比较梁氏的《社会组织篇》文稿要详实深入得多了。这本在上世纪20年代初就出版的《白话本国史》，已经被学界公认为我国第一部用白话文写的系统新通史，却至今还很少有人注意到，它也是一部把通史引向社会史方向的开拓性著作。

如何用这种新的社会学眼光观察历史，逮住“社会”这一历来为治史者陌生的“动物”（西人有言社会为不易捕捉的狡猾动物，即指其有形似无形，变动而不居），是个难点。我们看历史学与社会学的结合，即使到了改革开放后，也仍然有不少人以为只有社会生活方面的史料可以利用开发，而原来正史大部分都不得不因“无用”而被废，“社会史”便无奈地朝“社会生活史”的窄路上走去。不能否认，这方面的史料开发和研究有许多突破，但只是一支专门史的成立，而非当年“新史学”期待中的“普通史”的成功，甚至弄不好，还可能偏离“新史学”的旨趣，与认识中国社会特点、推动社会变革的目标显得隔膜不合。

吕先生有异于此。借“社会学”之助，疏通知远，通观其变，目的是为了认识中国社会整体及其变迁，从社会过往之所以然，以明了现在状况何以如此，并考虑社会未来的走向。先生毕生精力尽萃于此，这明显比梁先生主张的“民史”“群史”的意义要更深一层。

吕先生所做的建树，无论史材还是史识，下工夫最深的是制度通史，成就也最为卓著。治史者都有体会，制度史，特别是全方位的制度史研究，要从详纪传人物、略制度事物，细琐繁复、茫无头绪的正史材料中，梳理制度沿革的线索脉络，不博览群书，没有分析综合、比较鉴别的功力，决难摸到边际。为什么要去干别人看来事倍功半的这等苦活呢？现在终于读明白了。先生凭着自己治学积累的特长，触悟到历史学与社会学的结合，社会历史学的本土化，通过制度史入手方能曲径通幽。历史上最生动的是政权、人物的“理乱兴衰”，一治一乱表面上好像是由他们操纵的，实则不然，真正操纵社会运作的是“典章经制”，典章经制的衰坏是“风化”，然而“风化”既久，才会有“山崩”似的历史事件发生。当政者对制度的保守为一种集体无意识的惰性，常转为抗阻革新之弊。只有制度的革新，才能治丝理纷，排难堵乱，开出历史新局面。先生认为明乎此理，研治历史探骊而得珠，而教授史学的意义亦由此而达彼岸。

在这样一种既新又旧的识史方法观照下，开出会通历史的新境界是自然之理。阅读吕著通史，有许多具体历史情节，后之史家专深研治，更赖史料新的开发，呈现得更为细密可靠（最出色者当如严耕望的地方行政制度研究，从弘通处着眼，精密则称雄一世），但先生许多精彩通观评论，直击要害，能传达出常人轻易看不出的历史意韵，让读者享受知性旅行的愉悦，得益的不仅仅是历史知识的丰富，更是增进了对社会状态和社会变革的认识。我想，先生的作史愿望原就是如此。

用这样一种眼光看长时段历史，先生由中国历史梳理所得，社会进步可概括为：（一）事权自少数人渐移至于多数，由小多数更移于大多数，最后必移于公众性社会组织的联合。（二）交通范围日扩，密接愈甚，终必至与世界合流。（三）公众的受教育程度渐高，公众参与的范围就越广，专擅之少数人秘密政治也愈来愈难得逞，“天下”必为天下人的天下。

这种会通的认识，落实到中国历史发展脉络的梳理，先生持有异于常人的见解，不少独到之处。秦以后进入统一时代，既不再封邦建国，用人亦不拘贵族阶级，“封建”势力好像是解决了，实则旧制度会渗透、埋藏在新制度里，生存很长时间。秦统一后，“封建势力”仍以各种变相在延续。从边远至内地，各种区域内各有恶劣的“封建”势力，有似上古时代的“国中有国”，其中有州郡割据，有豪强霸横，有文化较低民族建立的政权，甚至宗室外戚的专权，地方官的“自行其是”，都未尝不是“封建”遗逆的表现？所以中国政府的统一性、积极性，说起来实极可怜。这只要看中国历代，行放任政策尚可以苟安于一时，行干涉政策即不旋踵而召乱。言治皆轻法治而重人治，地方惟有派一能员就此地方定出相当的方策，才有一定的成效。故秦汉以后，代表国家主权者所当严加监督者乃在官僚，治官之官日益，治民之官日减，生气渐消。

落实到短时段，即事件的历史，他的眼光一样的锐利。先生反复申论“王莽改制”为中国又一个“历史拐点”。自“井田”公产之制破坏，人心总觉不安，总想返回古制。王莽付诸政治实践，不但没有得到预期结果，反而闹出滔天大祸。社会环境已经变化，社会组织也大变，失败是注定的。从此主张姑息保守成了大多数，以为“天下大器”不可轻动，“治天下不如安天下，安天下不如与天下安”，进一步改变社会组织的意见无人敢提，直至明末清初才有学术启明星的出现。我们看众多通史教材说王莽，多数还纽结在王莽个人是耽于空想还是虚伪作假，未能从政治状态变迁的大关节上着眼，就见得先生史识的高明，确是极少数能达至疏通知远意境的史学大师眼光。

“思勉人文学术”精神

先生名思勉，字诚之，均富人文涵义。一生学术的主要成就大都是在光华大学完成，校训为“格致诚正”四字。无巧不成书，“诚”字把先生与光华合为一体，而“思勉人文学术”的真精神也正是在“诚正”上体现得最为鲜明。

在上世纪诸史学大家中，吕先生是治学心态最平心静气的一个。他有激越的理想抱负，但从不张扬，治学有似陈、王两位，也是“外冷而内里极热”。他的学问，有两个特点：一是极具平民意识，与陈寅恪、钱宾四特重精英文化迥然有别。先生十分关注普通民众的生计，关注民间基层社会，重视社会经济研究，把经济变迁看作社会动力，这在同辈通史大家中是少有的。二是对社会进化向持乐观向前的心态。他信从社会进化的观点，认为制度的变迁最为紧要，“大同”是人类必走的道路。这同陈寅恪的悲观成鲜明对比，似与郭沫若相近。他之接纳社会主义学说，出诸学术追求，不沾激进情调，亦即先生讲求的须求“平实”，不同于那时许多人。

先生论治学，强调应抱有理想，服务于社会改革的根本，勿流于琐碎饾饤的考证。先生评述年长一辈著名学者，反复陈述他们的成功实是时代使然。是社会的变迁，改革的艰难，玉成了这些学者的事业，而先决条件是他们都对社会改革抱有诚正的热情。他说：对于现状的不满，乃是治学问者，尤其是治社会科学者真正的动机。若对于其现状，本不知其为好为坏，因而没有改革的思想，又或明知其不好，而只想在现状之下求个苟安，或者捞摸些好处，因而没有改革的志愿，那还要讲做学问干什么？先生又说：“不论国家政治社会事业，总是要有人去办的，而人之能善其事否，实以其有无诚意为第一条件。必有诚意，然而其才可用诸正路，其学乃真能淑己而利群，不至于恃人以作恶，曲学以阿世，反造出许多恶业来。道德为事功之本，诚意为道德之本。”

理想必不可少，但要在激情与理智的平衡。先生认为处于社会变迁的时代，使人人具有改革思想最为当务之急。然而，社会的进化有一定的速率，并不是奔逸决尘，像气球般随风飘荡，可以不知落到哪里去的。目标虽好，没有好的方法，没有好的实现途径，往往好事会造作出坏的结果。所以，改革思想非可以空言灌注，亦非单凭热情就可以的，必深知现在社会之恶劣，而又晓然于其恶劣之由，然而对于改革的志愿和改革的计划应有理性的考虑。这种理性的考量从哪里来？一是靠从现实得来的阅历和锻炼，一是求之于书籍，求对以往社会的总结和检讨。历来理论之发明，皆先从事实上体验到，然后借书本以补经验之不足，增益佐证而完成之。因此做学问的，须将经验与书本汇合为一，把经历锻炼和书本知识相互证明，才会有真体会，有真心得。所以先生常说：“学问在于空间，不在于纸上。”

现在我们来纪念先生的学术，其经历已不可能复制，学术随时代而进，更不允许亦步亦趋，专事保守。如何从精神气韵上领会和融通先生的遗产，是为我们这些后学者所当钻研的课题，亦即古人所说的“当师其意而用之”。

王家范，1938 年出生，江苏昆山人。华东师范大学终身教授、博士生导师。长期从事中国古代史教学与研究，主攻中国社会经济史，侧重明清时段与江南地区，于史学认识论与方法论方面亦有探索。